MAP

付録 街歩き地図

福岡
太宰府・門司・柳川・唐津

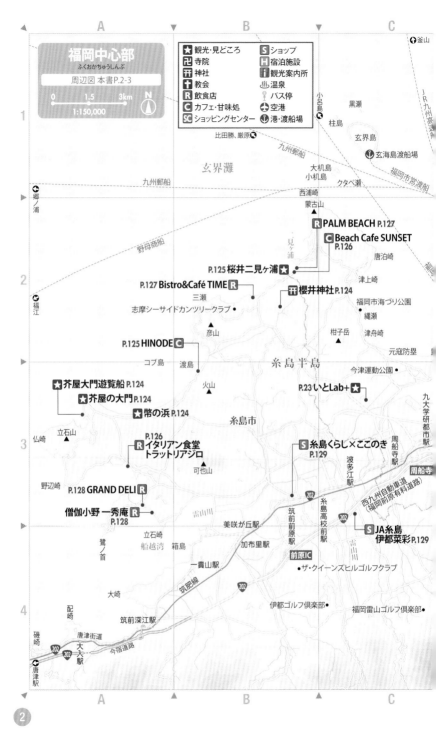

福岡中心部
ふくおかちゅうしんぶ

周辺図 本書P.2-3

0　1.5　3km
1:150,000
N

★ 観光・見どころ	S ショップ
卍 寺院	H 宿泊施設
⛩ 神社	i 観光案内所
✝ 教会	♨ 温泉
R 飲食店	🚏 バス停
C カフェ・甘味処	✈ 空港
SC ショッピングセンター	⚓ 港・渡船場

釜山

玄界灘

九州郵船

小呂島

黒瀬

柱島

玄界島

⚓ 玄海島渡船場

福岡市営渡船

比田勝、厳原 ⚓

九州郵船

郷ノ浦

九州郵船

野母商船

福江

大机島
小机島

クタベ瀬

西浦崎

蒙古山 ▲

R PALM BEACH P.127

C Beach Cafe SUNSET
P.126

P.125 桜井二見ヶ浦 ★

唐泊崎

津上崎

P.127 Bistro&Café TIME R

⛩ 櫻井神社 P.124

福岡市海づり公園

縄瀬

三瀬

志摩シーサイドカンツリークラブ ●

彦山 ▲

柑子岳

津舟崎

元寇防塁

P.125 HINODE C

コブ島

渡島

糸島半島

火山 ▲

今津運動公園 ●

★ 芥屋大門遊覧船 P.124

★ 芥屋の大門 P.124

★ 幣の浜 P.124

P.23 いとLab+ ★

九大学研都市駅

立石山 ▲

糸島市

周船寺駅

仏崎

P.126
R イタリアン食堂
トラットリアジロ

S 糸島くらし×ここのき
P.129

波多江駅

周船寺

野辺崎

可也山 ▲

P.128 GRAND DELI R

雷山川

202

糸島高校前駅

周船寺

西九州自動車道
(福岡前原有料道路)

僧伽小野 一秀庵 R
P.128

美咲が丘駅

筑前前原駅

202

S JA糸島
伊都菜彩 P.129

立石崎

箱島

筑前前原駅

雷山川

鷺ノ首

船越湾

一貴山駅

加布里駅

前原IC

● ザ・クイーンズヒルゴルフクラブ

大崎

筑肥線

202

配崎

磯崎

立石山 ▲

伊都ゴルフ倶楽部 ●

福岡雷山ゴルフ倶楽部 ●

唐津街道

202
202

大入駅

筑前深江駅

今福道路

唐津駅

福岡市街
ふくおかしがい
周辺図 P.2-3
0 250 500m
1:25,000
N

福江、玄海島
P.60 うみなかライン★
P.60 福岡市営渡船★
博多ふ頭
築港出入口
P.63 博多ポートタワー★
P.61 ベイサイドプレイス博多★
那の津
荒津
都市高速環状線
西公園出入口
西公園
荒津大橋
博多漁港
那珂川
ボートレース福岡
市民会館
天神北・中洲 P.6-7
天神北出入口
福岡県立美術館
須崎公園
長浜

🔰光雲神社
⊗教育大附属中・小
西公園
⊗福岡大附属若葉高
荒戸
那の津通り
港
舞鶴中・小
水上公園 SHIP'S GARDEN
P.39/P.45
天神
天神駅 アクロス福
地下鉄空
西鉄福岡（天神）駅
福岡市役所○
中央区役所
RESTAURANT GEORGES MARCEAU P.75
赤坂駅
岩田屋本店S C
P.50/P.71
警固公園

C Jacques 大濠店 P.101
明治通り
大手門
大濠公園駅
大手門
昭和通り
C Royal Garden Cafe 大濠公園 P.59

P.59 大濠公園★
舞鶴公園★ P.24/P.58
P.68 鴻臚館跡展示館★
⊗赤坂小
警固中⊗
赤坂
P.57 S ブックスキューブリック
国体道路
今泉
⊗警固小
城内
大濠池
P.58/P.71 福岡城跡★
P.59 福岡市美術館★
珈琲美美 S C P.56
大濠公園日本庭園
気象台・武道館
赤坂3
P.106 Les Clés S
赤坂2
R Perché No!? P.76
★赤坂けやき通り P.56
筑紫女学園高・中
警固
大正通り
薬院大通り駅
地下鉄七隈線
西鉄天神大
国体道路
⊗福岡大附属大濠高・中
草香江
⊗草ヶ江小
🔰福岡県護国神社 P.59

六本松駅
六本松
福岡市科学館
別府橋通り
七隈駅
松屋利右衛門 S P.107
桜坂駅
谷
P.79 IMURI R
御所ケ谷
浄水通
中央区
⊗福岡中央高
浄水通⊗平尾小
天神南・薬院 P.10-11

城南区
別府
別府団地
梅光園団地
梅光園
輝国
田島
南公園
⊗上智福岡高・中
★福岡市動植物園 P.27
平尾浄水町
平丘町
平尾
卍F
🔰平尾八
西高宮
小笹
平

博多駅周辺 P.8-9

D 千鳥橋JCT ▼ 貝塚駅 **E** ▼ 吉塚駅 **F** ▲

千鳥橋JCT ◉県庁 東公園 小倉駅
署 **C** 吉塚本町
千鳥橋 千代中⊗ 卍崇福寺 市民病院✚ 吉塚中⊗
千代中 ★福岡藩主黒田家墓所 吉塚
③ P.70
下呉服町 ⊗千代小 妙見 吉塚⊗
千代3 •市民体育館 吉塚小⊗
三信病院 千代 山陽新幹線
博多青松高 千代県庁口駅 鹿児島本線
呉服町 ⊗福岡高
出入口 空港通
⊗博多小 中呉服町 上呉服町 出入口
網場町 呉服町駅 **C** 豊JCT ③
明治通り 御供所町 ③ 豊 福
店屋町 御笠川 都市高速環状線 202 岡
冷泉町 緑橋 **C** 空
中洲川端駅 卍東長寺 P.40 東福岡自彊館中 港
上川端町 祇園駅 博多区 ⊗ 駅
中洲 ★櫛田神社 博多区役所 ⊗堅粕小 ⊗東福岡高 月
春吉橋 P.41/P.43 博多区役所前 東光 ③ 隈
那珂川 祇園駅 博多署 ⊗東光中 ⊗東光小 J
櫛田神社前駅 JR博多シティ★ 地下鉄空港線 C
P.31/P.32 博多駅東 東比恵
★キャナルシティ博多 地下鉄七隈線 博多駅 博多駅東 東比恵駅
P.31/P.37 博多駅
⊗第二合同庁舎
上牟田
春吉 卍住吉神社 P.67
⊗春吉小 住吉 ★博多一双 博多駅東本店 P.90
P.81 ⊗東住吉中 瑞穂 比恵町
通駅 ★鮨忠尾 ⊗東住吉小 山王公園
住吉通り HWITH THE STYLE FUKUOKA 体育館•
⊗精華女子高 P.136 市民センター•
★柳橋連合市場 P.49 385 博多南
清川 東領公園• 宮島 山王
光應寺卍 山王2
高砂 美野島 美野島 ⊗春住小
高宮小 •比恵遺跡
百年橋 ⊗住吉中・小
那の川四ツ角 那珂川 清美大橋東
那の川 385 竹下2
入口 清水四ツ角 九州新幹線・鹿児島本線 東光寺町
西鉄平尾駅 ⊗沖学園高・中
P.74 ⊗赤十字病院 住吉中前 那珂
★食堂セゾンドール 大楠 竹下 •アサヒビール工場
⊗高宮小 那珂八幡宮廿
南区 ⊗大楠小 清水 さく病院 那珂中央
竹下駅 博多南駅、公園
高宮通り 新鳥栖駅
高宮 ⊗西鉄二日市駅 清水四ツ角 笹原駅

D ▲ **E** ▲ **F** ▼

天神北・中洲
てんじんきた・なかす

周辺図 P.4-5

0　100　200m
1:8,000　N

博多漁港

都市高速環状線

C

天神北出入口

須崎1

ペラボート福岡

那の津通り

市民会館前

市民会

福岡県

須崎公園

浜の町病院入口

浜の町病院

須崎浜西

福岡市中央卸売市場
長浜(3)

★P.61
長浜鮮魚市場
（福岡市中央卸売市場鮮魚市場）

鮮魚会館内局

長浜3東

那の津通り

鮮魚市場東門

天然温泉
天神ゆの華

NAS

長浜1

福祉センター前

那の津口

長浜(1)

那の津口西

福祉センター

天神局

須崎公園

須崎公園南

天神(5) 市民会館南口

天神5 R 三鼎 P

溝口外科整形外科

ガーデンパレ

アークホテル
ロイヤル福岡天神

P.84
R 侑久上海 本店

天神

S イオン

天神北

天神

長浜(2)

平和台ホテル天神 H

舞鶴中・小

舞鶴(1)

長浜公園

舞鶴交番前

親不孝通り

安国寺

天神(3)

少林寺

天神4

SC ノース天神

天神北　福都

検察庁

舞鶴小学校

P.91 博多らーめん Shin-Shin 天神本店 R

マイステイズ福岡天神 H

H アセント福岡

天神橋口

あいれふ

天神 P.12-13

あいれふ前

舞鶴(2)

舞鶴1

舞鶴

昭和通り

舞鶴2

天神西

福岡PARCO SC
P.51

天神駅

天神

1

あいれふ東口

大正通

大濠公園駅

福岡中央本店

赤坂駅

人名二局

中央区役所

中央区役所

サザン通り西口

明治通り

新天町局

天神(2)

サザン通り ソラリアプラザ SC
P.51

ソラリアステージ SC
P.51

SC 岩田屋本店
P.50/P.71

天神西通り

警固

大正通り

大名(2)

大名2

赤坂(1)

大名(2)

P.10-11

A　　　　　B　　　　　C

馬小路

⊗博多中　♀対馬小路

⊗博多小

奈良屋町

ℝ 馳走なかむら P.82

行願寺卍

古門戸町

土居通り

恵比須神社 Ħ

須崎町

藻潴町

●中島公園

務署

藻井寺

デュークスホテル中洲 Ħ

ℝ ザ・ロイヤルパーク・キャンバス福岡中洲 Ħ

P.89 水たき料亭 博多華味鳥 中洲本店 ℝ

行入口

卍勝立寺

博多屋台バーえびちゃん P.94

日本銀行前

⊗博多中　Ħ豊国神社

西町筋

綱場町

下川端町

博多座

P.39 博多リバレイン★

中洲中島町

西中島橋

中洲(5)

P.66 ★福岡市赤煉瓦文化館

西鉄イン福岡 Ħ

水鏡天満宮 Ħ

P.39/P.45 水上公園★ SHIP'S GARDEN

P.45 ℝ bills 福岡
ℝ 西中洲 星期菜 P.45

P.27 福博であい橋★

★福博であい橋

中呉服町

蔵本

呉服町

大博通り

ℝ もつ幸 P.86

崎田機場

CAFÉ ブラジレイロ C P.102

★福岡アジア美術館 P.66
S 九州逸品倶楽部 九州焼酎蔵 P.97

⊖土居町局

店屋町

P.89 博多味処 いろは ℝ

冷泉公園

P.107 Hotel Okura Fukuoka Pastry Boutique S
P.136 ホテルオークラ福岡 Ħ

P.41/P.43 C 川端ぜんざい広場

冷泉町

上川端町

川端商店街★ P.41

櫛田神社 Ħ P.41/P.43

P.8-9

★福博であい橋 P.47 ニッカバー七島 ℝ

P.44 博多・中洲・那珂川 水上バスリバークルーズ★

博多フローラルイン中洲 Ħ

神(1)

P.15 アクロス福岡●

福岡市役所 ◎

もつ鍋 慶州 西中洲店 ℝ P.87

天神中央公園

P.102 COFFEE HOUSE C ロジン

⊗中央署　⊕済生会 総合病院

P.50 SC 大丸福岡天神店

岡三越 P.50

社

大西鉄生田天神線

博多エクセルホテル東急 Ħ P.136

リソルトリニティ 博多 Ħ

中洲中央通り

ロマン通り

ワシントンホテルプラザ Ħ

ℝ 中洲二丁目屋台

中洲(2)

新観通り

宝雲亭 ℝ P.93

地下鉄七隈線

中洲・南新地

ℝ 其一 P.46

ℝ しらに田 P.83

人形町通り

中洲(4)

中洲(3)

那珂川通り

中洲(1)

ℝ 鉄なべ 中洲本店 P.93

司 ℝ P.95

春吉橋

西中洲

天神中央公園

ℝ Raisin d'Or P.75

春吉(3)

清流公園

国体道路

三光橋

⊖春吉局

立正寺卍　カンデオホテルズザ・博多テラス Ħ

春吉(2)

建立寺卍

妙徳寺卍

灘の川橋

那珂川

small is beautiful S P.54
赤坂(1)
赤坂局

大名一局 大名一局
大名(1)
若宮神社

警固
国体道路
今泉(1)

P.54 山響屋 S 盛福寺

赤坂けやき通り
警固町
今泉(2)

イルソル
レヴァンテ R
P.77
R Bistrot la paulee P.57
警固(1)
Le BRETON R
P.53
法泉寺

警固交番前
警固(2)
警固小
香正寺
長圓寺
安養院

S UNTIDY P.56
大正通り

BISTROT MITSOU R
P.75
秋本病院
薬院2
P.55
TRAM S
薬院(1)

P.98
うどん杵むら R
薬院六つ角
P.76
Trattoria
Del Cielo
R
大正通り
S B・B・B POTTE
P.55

とり田 薬院店 R
P.88

西光寺
薬院(2)
薬院大通り
薬院

薬院大通り前 福岡
薬院大通駅 1
P.57 福岡生活道具店 S
薬院大通駅 2
薬院大通り

小鳥神社
鮨おかだ R
P.80
福岡城南病院

南薬院 南薬院
薬院交番前

P.100/P.106
フランス菓子16区 C S
KKR H
薬院交番前
薬院局
薬院公園

警固(3)
薬院伊福町
薬院(4)
P.99 二〇加屋 長介

雙葉学園入口
古小鳥町
浄水通り
新川

地下鉄七隈線
浄水通
九電体育館前

桜坂駅
中央区

桜坂緑地
御所ヶ谷
御所ヶ谷

福岡中央高

福岡雙葉高
浄水通
平尾小
平尾(3)

中央署
平丘町
光専寺

チモンドホテル
福岡天神**H**

天神 P.12-13

H
ス

渡辺(5)

H カンデオ

渡辺通(3)

渡辺通(3)

BiVi福岡 **SC**

渡辺通局⊕

H タカクラ

渡辺通(2)

薬院
ビジネス
ガーデン

城東町

薬院駅

城東橋

ニック

薬院駅前

薬院
新川

平尾(1)

平尾1

高宮通り

一本木

平尾(2)

福岡⑧①

渡辺通1

電気ビル共創館●

⊕佐田病院

十八⑧
渡辺通1

H 福岡東映

渡辺通西

渡辺通1

高砂(1)

P.81 たつ庄 R●

白金(1)

福岡清川局⊕

白金1

高砂公園

大宮(1)

白金茶房 C
**P.101

西鉄天神大牟田線

白金

⊗高宮小

宇賀神社**廾**一本木
公園

大宮(2)

●西鉄平尾駅

春吉(2)

渡辺通(3)

⊕桜十字福岡病院

P.49
R Pissenlit
渡辺通3

博多だるま 総本店 R
**P.91

⊗春吉小

春吉(1)

住吉橋

住吉橋

那
珂
川

P.136
**ホテルニューオータニ
博多
H**
サンセルコ **SC**

P.48
食堂ハマカニ R

P.49
R 柳橋食堂

住吉通り

柳橋

柳橋

S 西友サニー

渡辺通1

清川

H アパ

★ 柳橋連合市場
**P.49

清川(1)
●エフエム福岡
⑧西日本シティ

H ベニキアカルトン

清川(2)

高砂1南

日赤通り

佐賀⑧

高砂(2)

白金(2)

天神南・薬院
てんじんみなみ・やくいん

周辺図 P.4-5

0   100   200m **N**
1:8,000

⑪

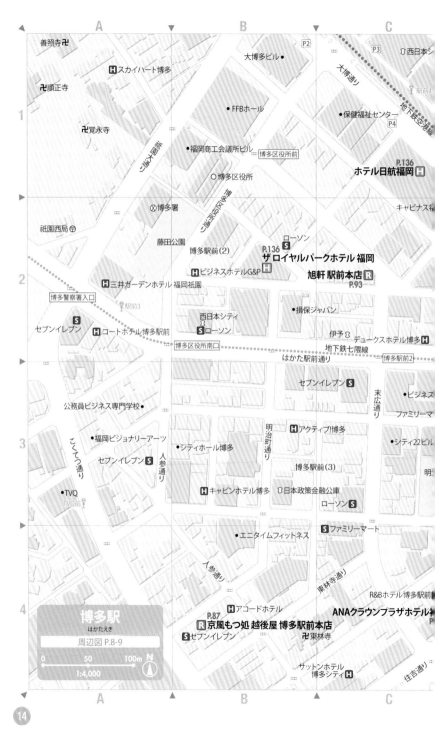

博多駅
はかたえき
周辺図 P.8-9

0 50 100m
1:4,000
N

善照寺卍
卍順正寺
スカイハート博多 H
卍覚永寺
大博多ビル●
FFBホール●
大博通り
P2
P3
西日本シ
駅前
地下鉄空港線
保健福祉センター●
P4
福岡商工会議所ビル●
博多区役所前
博多区役所○
P.136
ホテル日航福岡 H
博多署⊗
祇園西局⊕
藤田公園
博多駅前(2)
ローソン S
P.136
ザ ロイヤルパークホテル 福岡
キャビナス福
ビジネスホテルG&P H
旭軒 駅前本店 R
P.93
三井ガーデンホテル 福岡祇園 H
博多警察署入口
駅前3
セブンイレブン S
コートホテル博多駅前 H
西日本シティ
S ローソン
博多区役所南口
損保ジャパン●
伊予8
デュークスホテル博多 H
地下鉄七隈線
はかた駅前通り
博多駅前2
公務員ビジネス専門学校●
こくてつ通り
福岡ビジョナリーアーツ●
セブンイレブン S
人参通り
セブンイレブン S
シティホール博多●
明治町通り
アクティブ!博多 H
博多駅前(3)
末広通り
ビジネス●
ファミリーマ
シティ22ビル●
明
TVQ●
TVQ前
キャビンホテル博多 H
日本政策金融公庫8
ローソン S
エニタイムフィットネス●
ファミリーマート S
入参通り
東林寺通り
R&Bホテル博多駅前
アコードホテル H
P.87
京風もつ処 越後屋 博多駅前本店 R
セブンイレブン S
卍東林寺
ANAクラウンプラザホテル
P
サットンホテル
博多シティ H
住吉通り

14

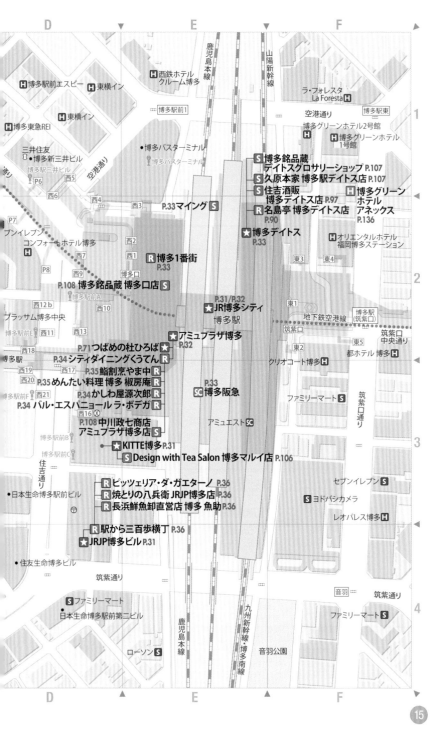

鹿児島本線

山陽新幹線

H 博多駅前エスビー　H 東横イン

H 西鉄ホテル
クルーム博多

ラ・フォレスタ
La Foresta H

H 博多東急REI　H 東横イン

博多駅前1

空港通り

博多駅東

博多グリーンホテル2号館
H

三井住友
● 博多新三井ビル
博多バスターミナル

博多バスターミナル

H 博多グリーンホテル
1号館

1

博多駅三井ビル

P6

S 博多銘品蔵
デイトスグロサリーショップ P.107

S 久原本家 博多駅デイトス店 P.107

H 博多グリーン
ホテル
アネックス
P.136

P7

空港通り

S マイング P.33

S 住吉酒販
博多デイトス店 P.97

ブンイレブン

R 名島亭 博多デイトス店
P.90

コンフォートホテル博多
H

西2

西1

★ 博多デイトス
P.33

P8

西7

西9

博多口

R 博多1番街
P.33

H オリエンタルホテル
福岡博多ステーション

P.108 博多銘品蔵 博多口店 S

博多駅前A

西10

P.31/P.32

東3　東4

ブラッサム博多中央

西12b

★ JR博多シティ
博多駅

東1

地下鉄空港線

博多駅
(筑紫口)

博多駅E 西11

西13

筑紫口

博多駅 ★ アミュプラザ博多
P.32

東2

東5

筑紫口
中央通り

都ホテル 博多 H

西18

P.71 つばめの杜ひろば ★

P.34 シティダイニングくうてん R

クリオコート博多 H

西19

西17 R P.35 鮨割烹 やま中 R

西20 P.35 めんたい料理 博多 椒房庵

P.33

博多駅前 西21

P.34 かしわ屋源次郎 R

SC 博多阪急

ファミリーマート S

P.34 バル・エスパニョール ラ・ボデガ R

西16 ✕

P.108 中川政七商店
アミュプラザ博多店 S

博多駅前B

アミュエスト SC

筑紫口通り

博多駅前C

★ KITTE博多 P.31

S Design with Tea Salon 博多マルイ店 P.106

住吉
通り

R ピッツェリア・ダ・ガエターノ P.36

● 日本生命博多駅前ビル

R 焼とりの八兵衛 JRJP博多店 P.36

R 長浜鮮魚卸直営店 博多 魚助 P.36

セブンイレブン S

S ヨドバシカメラ

レオパレス博多 H

R 駅から三百歩横丁 P.36

★ JRJP博多ビル P.31

● 住友生命博多ビル

筑紫通り

S ファミリーマート

音羽

筑紫通り

● 日本生命博多駅前第二ビル

ファミリーマート S

ローソン S

鹿児島本線

九州新幹線博多南線

音羽公園

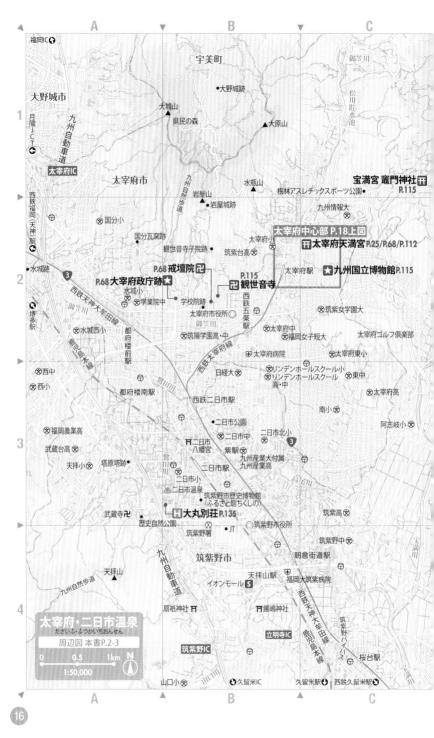

太宰府・二日市温泉
だざいふ・ふつかいちおんせん
周辺図 本書P.2-3

| 0 | 0.5 | 1km | N |

1:50,000

宇美町

大野城市

福岡IC
月隈JCT
太宰府IC
西鉄福岡（天神）駅
水城跡
博多駅

九州自動車道

大城山
県民の森
大野城跡
大原山

太宰府市

九州自然歩道
岩屋山
岩屋城跡
水瓶山

御笠川
松川貯水池
御笠川

宝満宮 竈門神社
P.115

梅林アスレチックスポーツ公園
九州情報大

国分小
国分瓦窯跡
観世音寺子院跡
筑紫台高

太宰府中心部 P.18上図
太宰府天満宮 P.25/P.68/P.112

太宰府駅
太宰府小

九州国立博物館 P.115

P.68 戒壇院
P.68 大宰府政庁跡
水城小
御笠川
学業院中
学校院跡
太宰府市役所
筑陽学園高・中

P.115 観世音寺

西鉄五条駅

筑紫女学園大
太宰府中
福岡女子短大
太宰府ゴルフ倶楽部

水城西小
都府楼前駅

西鉄天神大牟田線

鹿児島本線

西中
西小

都府楼南駅

西鉄太宰府線

太宰府病院
リンデンホールスクール小
リンデンホールスクール高・中
太宰府東小
東中
太宰府高

福岡農業高
武蔵台高
塔原塔跡
天拝小

西鉄二日市駅
二日市公園
二日市
八幡宮
紫駅
二日市駅
二日市小
二日市温泉

二日市市役所
二日市北小
九州産業大付属
九州産業高

南小
阿志岐小

筑紫野市歴史博物館
（ふるさと館ちくしの）

大丸別荘 P.135

武蔵寺
歴史自然公園
筑紫野署
JT
筑紫野市役所

筑紫高

筑紫野市

天拝山
九州自然歩道

九州自動車道

天拝山駅
イオンモール S
福岡大筑紫病院

西鉄天神大牟田線
鹿児島本線

筑紫野バイパス

筑紫野中
朝倉街道駅

宝満川

扇祇神社
立明寺IC

筑紫野IC

巌嶋神社

山口小
久留米IC
久留米駅
西鉄久留米駅

16

D　E　F

印通寺 Ⓟ

★風の見える丘公園 P.131
★波戸岬 P.131
ツイタ鼻
臼島
宮崎鼻
尾ノ下鼻
鷹島
加部島
土器崎
友崎
★七ツ釜 P.130

Ⓡ河太郎 呼子店 P.133
呼子漁港
海中魚処 萬坊 Ⓡ
P.133
382
204
Ⓢ呼子朝市 P.133
荒崎
宮崎
女瀬ノ鼻
神集島
★P.130 立神岩
★七ツ釜遊覧船「イカ丸」P.130
兜鼻
志坂鼻
★名護屋城博物館 P.131
★名護屋城跡 P.69

九州郵船
相賀崎

打上ダム●
東松浦半島

唐津市
204
唐津湾

玄海町
204
唐津港
大島
高島
宝当神社 ⛩

藤ノ平ダム●
丈高山
衣干山
唐津東港 ⚓
佐賀玄海旅客船

野高山
西唐津駅
鳥島

唐津中心部 P.19下図
P.130 唐津城 ★
虹の松原 ★ P.130
筑前前原駅 ➡
虹ノ松原駅 ➡

204
唐津市
唐津駅
和多田駅
東の浜
筑肥線
前原IC ➡

P.132 Y'S KITCHEN Ⓡ
唐津街道
松浦河畔公園●
鬼塚駅
松浦川
東唐津駅
202
鏡山 ▲

●唐津ゴルフ倶楽部
202
鏡山展望台 ★ P.69
唐津IC
497

唐津千々賀山田IC
唐津線
夕日山 ▲

イロハ島
長崎県
松浦市
水ノ元山
497
山本駅
203

福島
北波多IC
徳須恵川
西九州自動車道
唐津伊万里道路

三岳
202
佐賀県
本牟田部駅

飯盛山 ▲
岸岳 ▲
筑肥線
肥前久保駅
203
多久駅
相知駅

204
伊万里市
南波多谷口IC
➡伊万里東府招IC
西相知駅
伊万里駅 ➡
筑後川

D　E　F

太宰府中心部
だざいふちゅうしんぶ

周辺図 P.16

0 — 100m
1:8,000
N

・菅公歴史館
・休憩所 ・御本殿　　だざいふ遊園地
⊕天満宮前局　・大樟　🎌 太宰府天満宮 P.25/P.68/P.112
⊗太宰府小　　　　・楼門
　　　　　・社務所　・宝物殿
大町公園　　　　　宰府(4)
宰府(3)　　　　　心字池　　菖蒲池
　　西日本シティ ・太宰府館
　　　　　　　参道　S 寿庵 寺田 P.114
宰府(1)
　　　　駅　i 観光案内所　　i 太宰府天満宮案内所
　　　　　　　　　　　S てのごい家
太宰府参道「天山」S　　　　P.114
P.114
太宰府駅
　　　　　　卍 光明禅寺
宰府(2)
　　　　　　　　　　　　　　P.115
西鉄太宰府線　　　　　　　　★ 九州国立
35　　　　　　　　　　　　　　博物館
⊟ 西鉄二日市駅

門司
もじ

周辺図 本書P.2-3

0 — 100m
1:12,000
N

　　　　　　門司メディカルセンター⊞　　　♠関門海峡 ♠関門トンネル ♠下関
　　　　門司港地ビール工房・　　　　　めかり駅
　　　　　　　　　　　　　　　北九州銀　東本町(2)　門司料金所
　　　　　　　　　　　　　　　行レトロ　　　　　東門司(1)
　　　　P.117 北九州銀行レトロライン　ライン　　・門司電気通信レトロ館
　　　　門司港レトロ観光列車 潮風号★　　　　東本町1　　　　2
　　　　　　　出光美術館(門司)・　　　浜町　レトロ　東本町2　関門トンネル
♠　　　　　　　　　　　　　　　　　　　　車道口
下関 巌流島　　　　　　　　　　　　　　東本町1
　関門汽船　P.118 港ハウス S　★門司港レトロ展望室　市民会館前　・門司市民会館
　　関門　　　　P.117 大連友好記念館★　P.117
　　　　　門司港　P.117 旧門司税関★　　　　　老松公園
　　　　　　　　　　　　　　　P.26　　　出光美術館駅　老松公園前
　　P.117 旧門司三井倶楽部★　門司港レトロ地区★　　　レトロ鎮西橋　老松町
　　　　　　　　　　　旧大阪商船 P.117　鎮西橋
　P.119 陽のあたる場所 R　　　　★　　　★門司港レトロクルーズ P.117
マリンゲートもじ ♠　　★門司港レトロクルーズ　栄町　H ホテルポート門司
世界にひとつだけの R　　海峡プラザ★　　港町　　栄町　⊕老松局
　焼きカレー　　　198　P.118　⊕港局　　　　　　庄司町
プリンセスピピ 門司港　門司港駅前　　門司港郵便局前
P.119　　　　　　駅前　九州鉄道　門司港レトロ　錦町
　　　　西海岸　　　　記念館駅　桟橋通り
　　　　　　★JR門司港駅　　　　　　　　🎌 貴船神社
門司税務所・　P.116　　　　　　　錦町
　　199　　　★ 九州鉄道記念館 P.118　　清滝4
P.118　　　　⊗　　　　清滝(4)　⊗門司海青小
★関門海峡ミュージアム　　　　清滝1・九州鉄道記念館前　長谷1
門司駅 ♠ 鹿児島本線　清滝1　　　　　　門司IC ♠

柳川

柳川 (上半分)

D
- 三橋町枝光
- 西浜武
- 筑紫町
- 若宮神社
- 柳川病院 ✚
- 元町
- 鍛冶屋町
- 702
- 新外町

P.70/P.122 三柱神社
- 770
- 23
- 八剣神社
- 辻町
- 京町

元祖 本吉屋 P.123
- 旭町
- 柳川橋
- 立花通
- 百町

P.26/P.121
★ 川下り
- 三橋町下百町
- 西鉄柳川駅

1
- 新町
- 本町
- 柳川ショッピングモール SC
- 細工町
- 淡島神社
- 西鉄柳川駅前
- 藤吉小
- 西鉄天神大牟田線
- 大牟田駅

- 伝習館高
- 坂本町
- 市民会館横
- 本町
- 新町
- あめんぼセンター前
- 藤吉
- 新町
- 柳川観光ホテル白柳荘
- 弥兵衛門橋
- 日吉神社

P.123
★ 夜明茶屋
- 鬼童町
- 767
- 沖の端水天宮前
- 御花前
- 柳川市役所
- 糀島菖蒲園
- 市役所前
- 高門橋
- 長命寺 卍
- 光善寺
- 柳城中
- 柳川城址
- 城内小
- 天満神社
- 三橋町今古賀
- 今古賀

- 稲荷町
- 戸島氏庭園
- 御花庭
- 柳川高
- 城南町
- 城内町
- 本町
- 奥州町
- 三橋町藤吉
- 鷺畷署前
- 208
- 柳川署 ✕
- ★ 柳川藩主立花邸 御花 P.122
- 杉森高
- S ベスト電器
- 秋生家口
- 沖端水天宮
R 若松屋 P.123
- 宮永町
- かんぽの宿柳川
- 三橋町江曲
- 柳川警察署前

2
- i 観光案内所
- かんぽの宿柳川
- ● からたち文人の足湯
- ★ 北原白秋生家・記念館 P.122
- 吉富町
- 弥四郎町
- 佃町
- 上宮永町
- 水の郷
- ♨ 柳川温泉 南風 P.122
- 本家
- 上宮永

周辺図 本書P.2-3
0 ── 200m
1:24,000

唐津中心部 (下半分)

唐津中心部
からつちゅうしんぶ
周辺図 P.17
0 ── 200m
1:20,000

- 西ノ浜
- 富士見町
- 元旗町
- 坊主町
- 大志小 ✕
- 大志小

P.130
旧高取邸 ★
- 北城内
- 河村美術館 ●
- 水野 H
- 大政
- 舞鶴海浜公園
- ★ 唐津城 P.130
- H 御宿海舟
- 早稲田佐賀高・中
- 姉子ノ瀬
- ♀ 高島
- 唐津湾
- 東唐津(1)

3
P.130 曳山展示場 ★
- 西城内
- 市民会館
- 唐津神社
- 二の門
- 東城内
- 東唐津(2)
- 東唐津(3)

- アスカホテル H
- 唐津市役所
- 南城内
- 大名小路
- 保健所前
- 新舞鶴橋
- 洋々閣
- H 松の井旅館
- 近松寺 卍
- まいづる SC 百貨店
- 千代田町
- 護法寺 卍
- 佐賀玄海旅客船
- 東唐津2
- 東唐津(4)
- 西寺町
- H 唐津第一
- 大名小路
- 宝当桟橋
- 東唐津3
- 東唐津小
- 卍 長得寺
- 唐津街道
- 千代田町
- 唐津市東唐津
- ✚ 八幡宮

4
- 弓鷹町
- 米屋町
- 中央橋
- 木町
- ホテル&リゾーツ
- 佐賀 唐津 H
- 唐津線
- 唐津駅
- 京町
- 新興大橋
- 林木町
- S トライアル
- 伝
- 唐
- 347
- 近代図書館
- 唐津天満宮 卍
- 新興町
- 東新興町
- 大石町
- 十人町
- 船宮町
- ♀ 東町
- 唐津市東町
- 町田大橋
- 唐津ふるさと会館
- アルピノ
- 卍 少林寺
- 水主町
- 町田
- 町田(三)
- 元石町
- 卍 東雲寺
R 日本料理会席かわしま P.133
- 町田(五)
- ♀ 多久駅、虹ノ松原駅

19

とりはずして使える

MAP

おとな旅
プレミアム
PREMIUM

付録 街歩き地図

福岡
太宰府・門司・柳川・唐津

JN027096

切り取り線

福岡
太宰府・門司・柳川・唐津

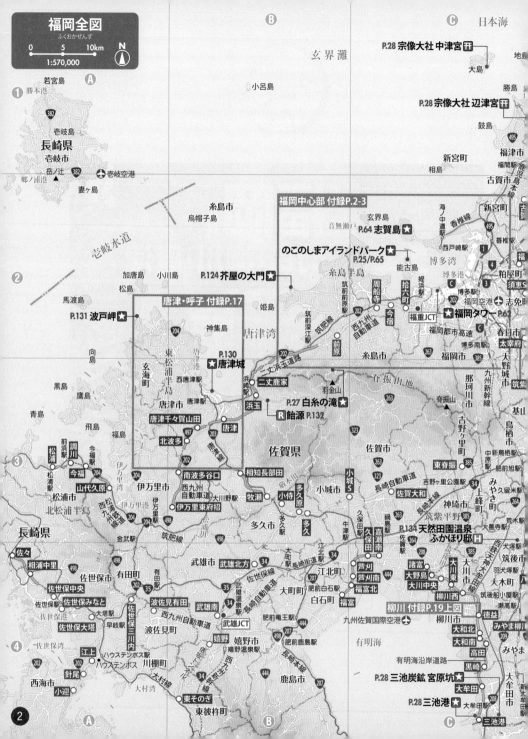

福岡全図
ふくおかぜんず
0 5 10km
1:570,000
N

Ⓐ Ⓑ Ⓒ 日本海

玄界灘

P.28 宗像大社 中津宮 ⛩
大島 地島

①
若宮島
勝本港
382
壱岐島
長崎県
壱岐市
岳ノ辻 ▲ 壱岐空港
郷ノ浦港 382
妻ヶ島

小呂島

P.28 宗像大社 辺津宮 ⛩
勝島
鼓島
福津市
福間海岸
古賀市
新宮町
相島
新宮町

壱岐水道

加唐島 小川島
松島
糸島市
烏帽子島

福岡中心部 付録P.2-3
玄界島
音無瀬戸
P.64 志賀島 ★
海ノ中道駅
香椎線
香椎駅
博多湾
能古島
のこのしまアイランドパーク ★
P.25/P.65
姫浜駅
今宿
西九州自動車道
福重JCT
P.62 福岡タワー ★
博多港
福岡空港 ✈ 志免町
福岡市営地下鉄
福岡都市高速
博多南駅
福岡市
大野城市
太宰府市
九州新幹線
筑
基山町
鳥栖市

②
馬渡島
P.131 波戸岬 ★
向島
黒島
鷹島
青島
飛島
福島

P.124 芥屋の大門 ★
姫島
唐津湾
神集島
唐津・呼子 付録P.17
東松浦半島
西唐津駅
玄海町
浜崎
P.130 ★ 唐津城
唐津駅
二丈浜玉道路
二丈鹿家
羽金山 ▲
P.27 白糸の滝 ★
R 飴源 P.132
佐賀県

前原
糸島市
筑肥線
筑前前原駅
筑前深江駅
周船寺
拾六町
西戸崎駅
粕屋町
須恵町
脊振山地
脊振山 ▲
吉野ヶ里
東脊振
中
肥前旭駅
吉野ヶ里公園駅
34
上峰町
みやき町
久留米
筑後川

③
松浦
前浜駅
今福
204
山代久原
松浦市
北松浦半島
伊万里市
南波多谷口
西九州自動車道
伊万里東府招
伊万里港
金武駅
筑肥線
長崎県

松浦駅
調川
今福駅
伊万里湾
北波多
497
唐津千々賀山田
203
唐津
南波多
唐津線
相知長部田
牧瀬
大川野駅
多久野
小侍
多久駅
多久市
小城市
佐賀大和
長崎自動車道
佐賀市
諸富
大野島
大川東
大川中央
柳川西
羽犬塚駅
筑後
大川市
大木町
大和北
大和南
高田
みやま
筑後船小屋駅

相浦中里
佐々
202
佐世保中央
佐世保みなと
佐世保港
佐世保
佐世保大塔
佐世保三川内
江上
ハウステンボス駅
針尾
西海市
小迎

有田町
有田駅
202
波佐見有田
35
波佐見町
早岐駅
嬉野
ハウステンボス
川棚町
大村線
東そのぎ
東彼杵町

武雄市
武雄北方
武雄駅
武雄南
武雄温泉駅
武雄JCT
34
嬉野市
嬉野温泉駅
498
肥前鹿島駅
鹿島市
長崎本線

長崎街道
大町駅
江北町
肥前白石駅
白石町
富富北
肥前竜王駅
444
九州佐賀国際空港
有明海

久保田駅
牛津駅
嘉瀬南
久保田
嘉瀬駅
鍋島駅
P.134 天然田園温泉 ♨
ふかほり邸
芦刈
富富
富富北
柳川 付録P.19上図
徳益
柳川市
黒崎

④
佐世保
西海市
大村湾
東彼杵町
東彼杵駅

長崎自動車道
嬉野温泉駅

P.28 三池炭鉱 宮原坑
有明海沿岸道路
P.28 三池港 ★
大牟田市
三池港
大牟田駅
208

②

Ⓐ Ⓑ Ⓒ

あなただけの
プレミアムな
おとな旅へ！
ようこそ！

FUKUOKA DAZAIFU MOJI
YANAGAWA KARATSU

福岡 太宰府・門司・柳川・唐津への旅

海に開いて磨かれた商都
賑わう文化を享受する旅

太宰府の天満宮に詣でたり、
唐津や柳川または門司・下関まで
足を延ばせば、この旅は相当に
充実したものになる。
歴史の旅、絶景の旅、さらには
美食の旅となり、その思い出は
豊かに刻まれるだろう。
旅の拠点・福岡の多彩さは格別で、
都市のエスプリにあふれている。
天神や中洲、博多駅周辺など、
繁華街はエネルギーに満ち、
食都を誇って、特に魚がうまい。
一方赤坂けやき通りなど歩けば
瀟洒で静かな素振りも見せる。

SIGHTSEEING

御本殿と
白い梅の花が
織りなす景色に
心が安らぐ

太宰府天満宮 ➡P.112

4

博多駅は
多彩なグルメや
ショップも集う、
巨大ターミナル

◀ JR博多シティ ▶ P.32

商人の町、武士の町の名残を
今に伝える大都市に憧憬する

本土の港から
船で10分ほどで
花でいっぱいの
能古島へ

福岡タワーからの夜景は
旅の一日のハイライトに

のこのしまアイランドパーク ▶ P.65

匠の技術と進取の気性が
料理から、モノから伝わる

玄界灘の荒波にもまれた
魚をお酒と一緒に味わう

GOURMET

食べ比べも
楽しいラーメン。
お店のこだわりを
一杯に凝縮

博多らーめん Shin-Shin
天神本店 ➡ P.91

博多が誇る伝統工芸品が
上質な暮らしに寄り添う

SHOPPING

トレンドの
発信地・天神で、
個性的な雑貨を
見てまわりたい

small is beautiful ➡ P.54

6

SIGHTSEEING

国際貿易港
として賑わった
門司港。当時の
建築物は必見

旧大阪商船 ➡ P.117

街に漂う歴史の息吹を感じ、
青や緑の美景に胸を打たれる

SIGHTSEEING

柳川では、
昔ながらの舟に
乗り、水上散策を
楽しみたい

川下り ➡ P.121

福岡市から日帰りで行ける
糸島には豊かな自然が待つ

SIGHTSEEING

唐津には、
天神や博多から
鉄道一本で
アクセスできる

唐津城 ➡ P.130

プレミアム 福岡
太宰府・門司・柳川・唐津

CONTENTS

❖

歩く・観る

食べる

買う

郊外へ

泊まる

● 本書中のデータは2023年10月現在のものです。料金、営業時間、休業日、メニューや商品の内容などが、諸事情により変更される場合がありますので、事前にご確認ください。

● 本書に紹介したショップ、レストランなどとの個人的なトラブルに関しましては、当社では一切の責任を負いかねますので、あらかじめご了承ください。

● 営業時間、開館時間は実際に利用できる時間を示しています。ラストオーダー(LO)や最終入館の時間が決められている場合は別途表示してあります。

● 営業時間等、変更する場合がありますので、ご利用の際は公式HPなどで事前にご確認ください。

● 休業日に関しては、基本的に定休日のみを記載しており、特に記載のない場合でも年末年始、ゴールデンウィーク、夏季、旧盆、保安点検日などに休業することがあります。

● 料金は消費税込みの料金を示していますが、変更する場合がありますのでご注意ください。また、入館料などについて特記のない場合は大人料金を示しています。

● レストランの予算は利用の際の目安の料金としてご利用ください。Bが朝食、Lがランチ、Dがディナーを示しています。

● 宿泊料金に関しては、「1泊2食付」「1泊朝食付」「素泊まり」は特記のない場合1室2名で宿泊したときの1名分の料金です。曜日や季節によって異なることがありますので、ご注意ください。

● 交通表記における所要時間、最寄り駅からの所要時間は目安としてご利用ください。

● 駐車場は当該施設の専用駐車場の有無を表示しています。

● 掲載写真は取材時のもので、料理、商品などのなかにはすでに取り扱っていない場合があります。

● 予約については「要予約」(必ず予約が必要)、「望ましい」(予約をしたほうがよい)、「可」(予約ができる)、「不可」(予約ができない)と表記していますが、曜日や時間帯によって異なる場合がありますので直接ご確認ください。

● 掲載している資料および史料は、許可なく複製することを禁じます。

■ データの見方

☎	電話番号	✗	アクセス
所	所在地	℗	駐車場
開	開館／開園／開門時間	客	宿泊施設の客室数
営	営業時間	in	チェックインの時間
休	定休日	out	チェックアウトの時間
料	料金		

■ 地図のマーク

★	観光・見どころ	H	宿泊施設
卍	寺院	i	観光案内所
神	神社	♨	温泉
教	教会	🚏	バス停
R	飲食店	✈	空港
C	カフェ・甘味処	⚓	港・渡船場
S	ショップ		

エリアと観光のポイント ❖
福岡はこんなところです ❖

グルメ、ショッピング、歴史散策など九州一の大都市・福岡はさまざまに過ごせる。
まずは全体像と観光の主要となる4つのエリアの特徴をチェック。

玄関口の駅に直結して商業施設が充実

博多駅周辺 ➡P.30
はかたえきしゅうへん

福岡の陸の玄関口・博多駅に日本最大級の駅ビル型複合商業施設・JR博多シティが作られ、隣接する商業ビルとも直結。ショッピングやグルメを満喫できる。

⬆大型ショッピングモールのキャナルシティ博多

⬆KITTE博多も開業し、博多駅前はさらに賑やかに

観光のポイント　レストランゾーン「シティダイニングくうてん」のグルメや、博多デイトスでのおみやげ探しを楽しもう

九州一の歓楽街と、伝統ある博多商人の街

中洲・川端 ➡P.38
なかす・かわばた

日本三大歓楽街のひとつで華やかなネオンに彩られた「夜の街」中洲は、飲食店や屋台、バーが集中。川端には博多商人の伝統が色濃く残されている。

⬆博多の総鎮守で知られる櫛田神社

⬆夜景を眺めるなら、福博であい橋や川沿いの店がおすすめ

観光のポイント　日中は川端で博多の歴史を感じ、夜は中洲に繰り出して屋台やバーをハシゴしたい

百貨店やファッションビルが集中する繁華街

天神周辺 ➡P.50
てんじんしゅうへん

三大デパートに数々のファッションビルが立ち並ぶ九州最大の繁華街で、地下には同じく九州最大の地下街も広がる。福岡一の賑わいのなかでショッピングを。

⬆主要な商業ビルは天神地下街で結ばれている

⬆数多くのデパートやブランドショップ、最先端の店が集まる

観光のポイント　おしゃれなおみやげ探しはここで。落ち着いた雰囲気の赤坂や薬院にも素敵なお店が点在

博多湾沿いの港湾施設とランドマーク

ベイエリア ➡P.60

湾岸部には商業都市としての発展を支えた海の玄関口・博多港の各ふ頭が並ぶ。近年は商業施設やランドマークの開発も進み、シーサイドリゾートとして人気。

⬆港沿いを散策するのもおすすめ

⬆シーサイドももちのビーチでは海水浴も楽しめる

観光のポイント　福岡タワーをはじめとしたランドマークに注目。船で能古島や海の中道に足をのばしてもいい

玄界灘

★志賀島

のこのしまアイランドパーク

博多湾

能古島

今津湾

妙見岬

マリノアシティ福岡

姫浜駅

シーサイドももち海浜公園★

福岡タワー★

室見川

下山門駅

筑肥線

今宿IC

拾六町IC

福重JCT

西九州自動車道
（福岡前原有料道路）

磯崎鼻

西鉄新宮駅

西鉄貝塚線

三苫駅

奈多駅

和白駅

雁ノ巣駅

唐の原駅

香椎線（海の中道線）

海の中道

海ノ中道駅

★マリンワールド海の中道

海の中道海浜公園★

西戸崎駅

多々良川

貝塚JCT

貝塚駅

ベイエリア

箱崎宮⛩

博多港

ベイサイドプレイス博多★

天神周辺

西鉄福岡
（天神）駅

大濠公園★

櫛田神社⛩

C

中洲・川端

JR博多シティ★

博多駅

博多駅周辺

福岡空港✈

C

薬院駅

西鉄平尾駅

竹下駅

月隈JCT

鹿児島新宮中央駅

福工大前駅

香椎花園前駅

西鉄香椎駅

香椎浜JCT

香椎駅

香椎宮前駅

香椎宮⛩

西鉄千早駅

香椎神宮駅

舞松原駅

千早駅

名島駅

土井駅

山陽新幹線

宮崎宮⛩

箱崎駅

柚須駅

篠栗線
（福北ゆたか線）

吉塚駅

豊JCT

鹿児島本線

笹原駅

雑餉隈駅

桜並木駅

西鉄大牟田線

胆振状干线

高宮駅

大橋駅

福岡都市高速環状線

C

油山▲

片縄山▲

井尻駅

南福岡駅

博多南駅

九州新幹線

博多南線

（2024年3月開業）

● **双子都市の名残、「博多」と「福岡」の地名**
市街を南北に流れる那珂川を挟んで東側の地域が「博多」で、土地が広（博）く人や物が多かったことが地名の由来という説があるほど、古くから栄えた商業都市だった。関ヶ原の戦い後に黒田長政がこの地に移封され、一族ゆかりの地名を取った福岡城を築城し、那珂川西側に城下町「福岡」が誕生。商人の街・博多と武士の街・福岡の双子都市として発展していった。そして明治時代、市名を福岡にするか博多にするかの紛糾を経て、市名は「福岡市」、玄関口の駅は「博多駅」とすることに落ち着き、双子都市らしい決着をみた。

旅のきほん

2

便利な地下鉄に乗って
福岡の街を移動する

主要エリア間の移動の要は、市内を東西に結ぶ地下鉄空港線。
天神と博多間は歩いて移動もできるが、徒歩が苦手ならバスも活用したい。

　観光の中心となるエリアは、福岡空港駅から博多駅、中洲川端駅、天神駅など主要な駅を通って姪浜駅までを東西に結ぶ地下鉄空港線で移動できる。主要エリア外に点在している観光スポットは、他路線に乗り換えることでアクセス可能だ。どのスポットも最寄りの駅が徒歩約20分以内の距離にあるので、電車だけで市内をまわるつもりでも問題ないが、歩くのが苦手だったり、時間を節約したい場合は駅から路線バスを利用してもいい。福岡の路線バスには都市高速を走る便もあるので、乗車してみたい。また、ベイエリアの各スポットへ博多駅周辺または天神周辺からピンポイントで移動する場合は、バスで向かうのが効率的なので覚えておきたい(P.140)。

　このほか、解説を聞きながら観光スポットをコースで巡る観光タクシー(要予約)もある。興味をひくコースがあれば検討を。

観光タクシー

所要2時間、料金1万円〜のお手軽コースを複数用意しているほか、下記のような市内を巡るコースからも選ぶことができる。利用には事前の予約が必要で各タクシー業者にて受け付けている。まずは福岡市タクシー協会に問い合わせしたい。
●問い合わせ先　福岡市タクシー協会
☎092-434-5100(平日9:00〜17:00)
料金
●お手軽太宰府コース(所要2時間、1万円〜)
●お手軽博多展望コース(所要2時間、1万円〜)
●福岡城・福岡タワーコース
(所要3時間、1万5000円〜)
●博多三社巡りコース(所要4時間、2万円〜)
●志賀島・宮地嶽神社コース
(所要4時間、2万円〜)
そのほか、多数コースあり
※施設入場料、駐車場、高速料金などは別途必要
※2023年11月現在。予告なく変更の場合あり

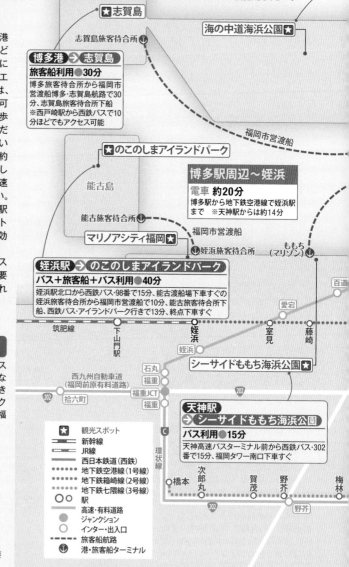

★志賀島

海の中道海浜公園★

志賀島旅客待合所

博多港 ➡ 志賀島
旅客船利用 ●30分
博多旅客待合所から福岡市営渡船博多・志賀島航路で30分、志賀島旅客待合所下船
※西戸崎から西鉄バスで10分ほどでもアクセス可能

福岡市営渡船

★のこのしまアイランドパーク

能古島

博多駅周辺〜姪浜
電車 約20分
博多駅から地下鉄空港線で姪浜駅まで　※天神駅からは約14分

能古旅客待合所

マリノアシティ福岡★

福岡市営渡船

姪浜旅客待合所

もちち
(マリゾン)

姪浜駅 ➡ のこのしまアイランドパーク
バス＋旅客船＋バス利用 ●40分
姪浜駅北口から西鉄バス・98番で15分、能古渡船場下車すぐの姪浜旅客待合所から福岡市営渡船で10分、能古旅客待合所下船、西鉄バス・アイランドパーク行きで13分、終点下車すぐ

百道

愛宕

筑肥線　　下山門駅　　姪浜　　室見　　藤崎

姪浜

シーサイドももち海浜公園★

石丸
福重

西九州自動車道
(福岡前原有料道路)

202　拾六町　　福重JCT

福重

天神駅
➡ シーサイドももち海浜公園
バス利用 ●15分
天神高速バスターミナル前から西鉄バス・302番で15分、福岡タワー南口下車すぐ

202

環状線

C

★ 観光スポット
━━━ 新幹線
━━━ JR線
━━━ 西日本鉄道(西鉄)
••••• 地下鉄空港線(1号線)
••••• 地下鉄箱崎線(2号線)
••••• 地下鉄七隈線(3号線)
○○ 駅
━━━ 高速・有料道路
● ジャンクション
○ インター・出入口
----- 旅客船航路
⬇ 港・旅客船ターミナル

橋本　　次郎丸　　賀茂　　野芥　　梅林

野芥

202

14

博多港 ➡ 海の中道海浜公園

旅客船＋電車利用 ◎25分
博多旅客船待合所から福岡市営渡船博多・志賀島航路（西戸崎経由）で15分、西戸崎旅客船待合所下船後、西戸崎駅からJR香椎線で2分、海ノ中道駅下車すぐ
※博多駅からJR鹿児島本線と香椎線（香椎駅乗り換え）で35分でも海ノ中道駅までアクセス可能

博多駅周辺〜博多港

バス 約17分
博多駅西日本シティ銀行前から西鉄バス・99番で博多ふ頭下車

天神周辺〜博多港

バス 約10分
天神ソラリアステージ前から西鉄バス・90番で博多ふ頭下車

三苫駅

福工大前駅

西鉄貝塚線

和白駅

香椎線（海の中道線）

奈多駅

唐の原駅

九産大前駅

雁ノ巣駅

香椎花園前駅

香椎東

アイランドシティ

香椎

西鉄香椎駅

香椎宮

アイランドシティ線

香椎浜

香椎宮前駅

香椎駅

香椎浜

西鉄千早駅

千早駅

名島

香椎神宮駅

舞松原駅

香椎線

名島駅

貝塚

粕屋線

貝塚JCT

貝塚

鹿児島本線

松島

多の津

山陽新幹線

香椎線

箱崎九大前

筥崎宮

箱崎

地下鉄箱崎線

箱崎宮前

箱崎

東浜

吉塚駅

博多駅周辺〜中洲・川端

電車 約3分
博多駅から地下鉄空港線で中洲川端駅まで

バス 約10分
博多バスターミナルから西鉄バス・3/13番などで川端町・博多座前下車

馬出九大病院前

千代県庁口

博多港 ➡ ベイサイドプレイス博多★

博多旅客船待合所

千鳥橋JCT

呉服町

環状線

西公園

築港

櫛田神社

中洲川端

櫛田神社前

千代

豊JCT

空港線

大濠公園★

天神北

赤坂

天神

西鉄福岡（天神）駅

天神南

祇園

博多駅

博多駅東

東比恵

榎田

半道橋

✈福岡空港

唐人町

大濠公園

六本松

桜坂

渡辺通

薬院駅

★キャナルシティ博多

★JR博多シティ

竹下駅

福岡空港

環状線

月隈

博多駅 ➡ JR博多シティ

徒歩 ➡ すぐ（直結）

別府

茶山

金山

七隈

地下鉄七隈線

福大前

堤

別府

西鉄平尾駅

高宮駅

西鉄天神大牟田線

★赤坂けやき通り

天神駅 ➡ 大濠公園

電車＋徒歩 ◎10分
天神駅から地下鉄空港線で4分、大濠公園駅から徒歩3分

博多駅周辺〜天神周辺

電車 約5分
博多駅から地下鉄空港線で天神駅まで

バス 約14分
博多駅前から西鉄バス・302番などで天神高速バスターミナル前下車

中洲・川端〜天神周辺

電車 約2分
中洲川端駅から地下鉄空港線で天神駅まで

バス 約5分
川端町・博多座前から西鉄バス・3/13番などで天神大和証券前下車

大橋駅

博多南線

鹿児島本線

笹原駅

井尻駅

西鉄天神大牟田線

板付

月隈JCT

野多目

九州新幹線

博多駅 ➡ キャナルシティ博多

電車＋徒歩 ◎4分（徒歩の場合10分）
博多駅から地下鉄七隈線で1分、櫛田神社前駅から徒歩3分

博多南駅

博多湾

海の中道（マリンワールド）

海ノ中道駅

香椎線（海の中道線）

西戸崎駅

西戸崎旅客船待合所

うみなかライン

福岡市営渡船

うみなかライン

歴史や文化、人々の生活に密着した祭りをチェック
福岡トラベルカレンダー

歴史ある寺社が数多くあり、博多祇園山笠を筆頭にさまざまな伝統行事で
大きく盛り上がる福岡。注目イベントに合わせて観光するのも楽しい。

1月	2月	3月	4月	5月	6月
最も寒い時期。温暖な福岡だが、内陸部では氷点下になることも。	柳川の伝統的なひな祭り「さげもんめぐり」は2月からスタート。	下旬頃には桜が開花。各地のお花見スポットは大勢の人で賑わう。	暖かくなり観光シーズンに突入。多彩な花々が見頃を迎える。	どんたく期間は街中が祭り一色、国内外から200万人以上が訪れる。	例年5月下旬〜6月上旬頃に梅雨入り。白糸滝開きは初夏の風物

- 月平均気温（℃）
- 月平均降水量（mm）

九州のなかでは雪が多いほうだが、積雪はまれ。大陸に近く寒波で冷え込みやすいので、防寒はしっかりと

少しずつ暖かくなるが、時折ぐっと冷え込む日も。コートやジャケットを用意しておきたい

日中は暖かく、朝晩は冷えることが多い。調節できるよう薄手の上着などがあると安心

6.6	7.4	10.4	15.1	19.4	23.0
68.0	71.5	112.5	116.6	142.5	254.8

3日
筥崎宮玉取祭（玉せせり）
筥崎宮（P.67）の末社玉取恵比須神社から本宮まで、裸に締め込み姿の競り子たちが木玉を奪い合いながら運ぶ。

7日
鬼すべ
太宰府天満宮（P.112）で約300人の氏子が「鬼係」と鬼を守る「鬼警固」、鬼を退治する「燻手（すべて）」に分かれ、鬼すべ堂から鬼を炎と煙であぶり出す勇壮な火祭り。

3日
櫛田神社節分厄除大祭
櫛田神社（P.41）で豆まきと節分の神事を行う。前後の数日間は3カ所の門に、くぐると福を招くという巨大なお多福面を設置。

11日
おひな様始祭（はじめさい）
柳川のひな祭り「さげもんめぐり」の幕開け。さげもんで飾り立てた台車にお内裏様やお雛様に扮した人々が乗り、市内を行進。

第1日曜
曲水の宴
太宰府天満宮（P.112）で、穢れを水に流し祓い清める平安時代の宮中行事を再現する。平安装束を身につけた参宴者が、曲水の庭の上流から流れてくる酒盃が自分の前に来るまでの間に和歌を詠み酒を飲む。

中旬
おひな様水上パレード
柳川「さげもんめぐり」のハイライト。さげもんに彩られたお堀を、お内裏様やお雛様たちを乗せたどんこ舟が進む雅な水上パレード。

1日
厄晴れひょうたん焼納祭（しょうのうさい）
太宰府天満宮（P.112）が厄除けを受けた人に授ける「厄晴れひょうたん」。年が明けてお返しされたひょうたんのお焚き上げを行う。

中旬〜下旬
中山大藤まつり
柳川市三橋町の熊野神社前にある藤の木は、樹齢約300年で、福岡県の天然記念物にも指定されている。開花時期に合わせて、お祭りが開かれる。

3・4日
博多どんたく港まつり
治承3年（1179）に始まった「博多松囃子」が起源。どんたく広場でのパレードや、福岡市内各地に設置された演舞台でどんたく隊が演舞を披露。

3〜5日
沖端水天宮祭り
柳川・沖端水天宮で水難事故を防ぐため行われる大祭。お堀に浮かべた舟ները台で水天宮囃子が奉納され、水難除けのお守りも販売。

1〜30日
筥崎宮あじさい祭
筥崎宮（P.67）境内の豊富なアジサイ約35株が美しく咲き誇る

第2土曜
白糸の滝開き
糸島・白糸の滝（P.27）涼を求め多くの人が訪れる夏の安全を祈り餅まきやそうめん流しヤマメ釣りなどが楽める。

↑筥崎宮玉取祭（玉せせり）　写真：福岡市

↑櫛田神社節分厄除大祭

↑曲水の宴　写真：太宰府市

↑中山大藤まつり

↑博多どんたく港まつり　写真：福岡市民の祭り振興

↑のこのしまアイランドパーク (P.65)

↑舞鶴公園 (P.58)

↑川下り (P.121)

↑大濠公園 (P.59)

7月
多の街は山笠一色に。気のため、見学する暑さ対策も万全に。

8月
暑さを吹き飛ばすかのように、各地で夏祭りや花火大会が開かれる。

9月
台風の季節。予報に注意し、天候によっては旅の計画変更を。

10月
気温は一気に下がり、山間部では下旬から木々が色づき始める。

11月
紅葉が見頃を迎える。寺社や庭園のライトアップは荘厳な雰囲気。

12月
博多の街はイルミネーションに包まれる。冬の海の幸も堪能したい。

27.2 277.9
28.1 172.0
24.4 178.4
19.2 73.7
13.8 84.8
8.9 59.8

> 梅雨明けから熱中症が急増。日傘や帽子で対策し、水分補給も忘れずに

> 35℃を超える猛暑日も多いので要注意。こまめに休息を

> 紅葉の到来とともに冷え込みもぐっと厳しくなる。下旬には冬物コートを準備

～15日
多祇園山笠 (P.42)
～25日
の天神まつり
宰府天満宮 (P.112)で原道真公の生誕を祝祭り。夏の無病息災願い「夏越祓え（なのはらえ）」神事やまざまな催しを行う。

中旬
関門海峡花火大会
門司と山口県下関、関門海峡の両岸で開催される西日本最大級の花火大会。海峡を挟んで競い合うように打ち上げられる花火は圧巻。
13～16日
お盆みたままつり
福岡中心部にたたずむ福岡縣護国神社 (P.59)で開かれる祭事。鎮守の杜はたくさんの提灯の灯りで幻想的に。本殿近くでは奉納演芸が披露され、参道には屋台や夜店が立ち並ぶ。

12～18日
筥崎宮放生会（ほうじょうや）
1000年以上続けられる筥崎宮 (P.67)の最重要神事。すべての生き物の霊を供養し、秋の収穫に感謝する。参道は数百軒の露店で賑わう。
21～25日
神幸式大祭
太宰府天満宮 (P.112)で最も大切な祭り。菅原道真公の御神霊を入れた御神輿が、平安装束を身につけた人々とともに厳かに進む。

第2月曜を最終日とする3日間
御賑会（おにぎえ）
三柱神社 (P.122)の秋季大祭で、創建の遷座祭が起源。「どろつくどん」と呼ばれる山車とともに大勢の人々が柳川の中心部を練り歩く。特に日曜に行われる御神幸行列は必見。
23・24日
博多おくんち
櫛田神社 (P.41)の秋の大祭として約1200年以上の歴史を誇る、五穀豊穣に感謝する伝統神事。牛車の曳く御輿や子どもたちによる行列「御神幸パレード」が、博多の街を練り歩く。

秋の夜
博多旧市街ライトアップウォーク
承天寺をはじめ、博多の歴史ある寺社の建物や庭園の数々を、幻想的にライトアップ。
7日
住吉神社歩射祭（ほしゃさい）
住吉神社 (P.67)の平安時代から続く伝統行事。新羅の海賊船の襲撃を防いだ神様への感謝が起源で、平和を祈願して2本の矢が放たれる。

11月上旬～1月中旬
光の街・博多
JR博多シティ (P.32)と駅前広場を彩る、毎年恒例のクリスマスイルミネーション。11月中旬～12月25日まではクリスマスマーケットも開催。
2・3日
夫婦恵比須大祭
商売繁盛や夫婦円満、開運招福を祈願する櫛田神社 (P.41)の祭り。参列者は「魚みこし」が名物の宴会「千座式」に参加できる。

夏の天神まつり
写真：太宰府市

関門海峡花火大会

↑筥崎宮放生会
写真：福岡市

↑御賑会

↑博多旧市街ライトアップウォーク

※日程は変動することがありますので、事前にHPなどでご確認ください。

福岡
おとなの2泊3日

大陸との交流と貿易で発展した国際商業都市・福岡。戦時中の大空襲による荒廃から飛躍的な復興、発展を遂げ、福岡市は国内で5本の指に入る人口を誇る大都市になった。

⬆人々の往来と営みが育んだ、活気ある街に滞在

1日目

活気に満ちた福岡市街の要所をまわる

福岡の玄関口から人通りの絶えない繁華街、そしてランドマークを観光。

9:00 博多駅

↓ 駅直結

9:05 JR博多シティ

↓ 約20分
博多駅前から西鉄バス・99番で17分、博多ふ頭下車すぐ

11:30 博多ポートタワー

↓ 約20分
博多ふ頭から西鉄バス・46番などで10分、天神大丸前下車、徒歩10分

13:00 岩田屋本店／
LT LOTTO AND
TRES ／ UNTIDY

↓ 約20分
天神高速バスターミナル前から西鉄バス・W1/302番で15〜20分、福岡タワー南口または福岡タワー(TNC放送会館)下車すぐ

17:00 シーサイドももち海浜公園／福岡タワー

西鉄福岡(天神)駅のバス乗り場は渡辺通り沿いにある

JR博多駅直結の
商業施設 でショッピング

JR博多シティ ➡P.32
ジェイアールはかたシティ

おみやげや銘品探しに便利なショッピングゾーンや充実したレストランゾーンを備える日本最大級の駅ビル。屋上には市街を一望する広場や旅の安全を祈願する神社があり、福岡旅の最初に訪れるのにうってつけの場所になっている。

海の玄関口・博多港 の
シンボルを見学

博多ポートタワー ➡P.63
はかたポートタワー

博多ふ頭の複合施設「ベイサイドプレイス博多」のそばに建つ、福岡のランドマークのひとつ。博多湾を行き来する船を見守り続けている。博多港について紹介する「博多港ベイサイドミュージアム」も併設されている。

天神 と周辺エリアで
おしゃれなお店を探す

岩田屋本店 ➡P.50
いわたやほんてん

呉服店として始まったが、今や百貨店として福岡の人々に長く支持され続けている。福岡ならではの産品が充実。

LT LOTTO AND TRES ➡P.55
エルティ ロット アンド トレス

西鉄福岡(天神)駅西口に建つVIORO6階にあるショップ。日々の暮らしをワンランクアップさせてくれる雑貨や家具が揃う。

UNTIDY ➡P.56
アンタイディー

赤坂けやき通り裏路地に建つアンティークショップ。バッグや服、器など海外の古道具やオーナーの手作り品が並ぶ。

17:00 シーサイドももち海
浜公園／福岡タワー

約20分
福岡タワー南口から西鉄
バス・302番で15分、天
神ソラリアステージ前下
車すぐ

20:00 西鉄福岡（天神）駅

約10分
渡辺通4丁目交差点から国
体道路（国道202号）に入
り、直進する。徒歩10分

20:10 中洲・西中洲

プランニングのアドバイス

玄関口の博多駅に到着したら
早速JR博多シティへ。コインロ
ッカーや宅配サービスもあるの
で、おみやげを先に購入しても
OK。繁華街で長く過ごすのが
好みなら、博多港に寄らずに地
下鉄で天神駅に直行するのも
あり。天神には駅周辺のデパー
トやファッションビル群に地下
街、赤坂けやき通りなど、魅力
的なショップが多い。ベイサイ
ドエリアに向かい、福岡タワー
で夜景を楽しんだあとは、中洲
の屋台やバーに行きたい。

福岡の ランドマーク から
街並みを一望する

シーサイドももち海浜公園 ➡P.61
シーサイドももちかいひんこうえん

福岡タワーのすぐ北、博多湾に面して広がる
海浜公園。福岡タワー、マリゾン（写真）など

がロマンティ
ックな姿を見
せる夕暮れど
きにビーチを
散策したい。

福岡タワー ➡P.62
ふくおかタワー

1989年のアジア太平洋
博覧会に合わせて建て
られた、国際交流都市・
福岡を象徴するランド
マーク。海浜タワーとし
て日本一の高さを誇り、
展望室からの眺めは素
晴らしい。ハーフミラー
で覆われた外観の輝き
も印象的だ。

ナイトスポット で
福岡の夜を満喫する

中洲・西中洲のバー ➡P.46
なかす・にしなかすのバー

那珂川と博多川に挟まれた細長い
エリアの中洲は、福岡一の歓楽街。
大都市を歩き回ったあとは、しっと
りとした上質な空間で過ごしたい。

福岡の屋台 ➡P.94
ふくおかのやたい

福岡グルメといえば思
い浮かべる人も多い屋
台文化。おいしい料理
とお酒とともに、店主
や隣に座る客との交流、
飛び交う博多弁を楽し
みたい。

作り手の人情が詰まった
自慢の一品がズラリ

19

2日目

福岡市内に残る歴史ロマンにふれる

古代まで遡る古社や、都市の発展を支えた商人の街と武士の街の名残を探す。

9:10 博多駅

約20分
JR鹿児島本線・香椎線（香椎駅乗り換え）で16分、香椎神宮駅下車、徒歩3分

9:30 香椎宮

約40分
JR香椎神宮駅からJR香椎線・鹿児島本線（香椎駅乗り換え）で30分、箱崎駅下車、徒歩8分

11:40 筥崎宮

約20分
筥崎宮から徒歩3分の地下鉄・箱崎宮前駅から箱崎線（空港線直通）で13分、大濠公園駅下車、大濠公園まで徒歩3分

13:00 福岡城跡／大濠公園

約15分
地下鉄・大濠公園駅から空港線で6分、中洲川端駅下車、徒歩5分

15:00 「博多町家」ふるさと館／櫛田神社

約5分
徒歩5分

17:30 中洲川端駅

古の天皇と皇后の愛をつないだ聖地・[香椎宮]へ

香椎宮 ➡ P.67
かしいぐう・ちゅうあい

仲哀天皇のため神功皇后が建てた廟に、皇后の宮も築かれ、愛し合うふたりは再び一緒になった。

「敵国降伏」を掲げる[勝運の神社]に参詣

筥崎宮 ➡ P.67
はこざきぐう

武芸に秀で、日本文化の礎を築いたという応神天皇（八幡神）を祀っている、日本三大八幡宮のひとつ。

福岡市民の憩いの場所へ城跡に広がる[公園]を散策

福岡城跡 ➡ P.58
ふくおかじょうあと

黒田長政が築いた福岡城の遺構が残り、ほぼ全域が舞鶴公園となっている。天守台跡に上ると福岡の街を一望できる。

大濠公園 ➡ P.59
おおほりこうえん

福岡城の外堀を利用した広大な池があり、水と緑のオアシスとして人気。カフェ、日本庭園、貸しボートなど過ごし方も多彩だ。

大濠テラスで、お茶の時間をとるのもよい

伝統を大事にする博多商人の街[川端]を歩く

「博多町家」ふるさと館 ➡ P.66
「はかたまちや」ふるさとかん

「展示棟」「町家棟」で博多町人の生活文化を学び、「みやげ処」で、伝統工芸品や博多銘菓を買っていきたい。

櫛田神社 ➡ P.41
くしだじんじゃ

博多の総鎮守として今も親しまれる「お櫛田さん」。博多祇園山笠（P.42）が奉納される神社で、飾り山笠も展示（6月を除く）。現社殿は豊臣秀吉の博多復興で再建されたもの。

プランニングのアドバイス

まずは香椎宮と筥崎宮を観光。JR、地下鉄どちらでも移動できるが、最寄り駅との距離が近いのはJRのほう。ただし筥崎宮から大濠公園に移動する際は、直通電車1本で移動できる地下鉄のほうが効率がよいので使い分けたい。お寺巡りが好きなら、川端を訪れる際に祇園駅で降りれば、承天寺や東長寺に立ち寄れる。ランチは大濠公園近くから天神一帯の店でいただくのがおすすめ。

3日目

太宰府と柳川の名所を訪れる

太宰府天満宮と水郷・柳川、歴史を象徴する人気スポットを旅のハイライトに。

スケジュール

- **9:00 西鉄福岡（天神）駅**
  - 約30分
  - 西鉄天神大牟田線特急・太宰府線（西鉄二日市駅乗り換え）で25分、太宰府駅下車、徒歩5分
- **9:30 太宰府天満宮**
  - 約1分
  - 太宰府天満宮からすぐ
- **11:30 太宰府門前町**
  - 約15分
  - 西鉄・太宰府駅から太宰府線で2分、西鉄五条駅下車、徒歩10分
- **12:30 観世音寺**
  - 約1時間
  - 西鉄・五条駅から太宰府線・天神大牟田線特急（西鉄二日市駅乗り換え）で55分、西鉄柳川駅下車、徒歩5分
- **14:30 川下り**
  - 約1分
  - 下船場からすぐ
- **15:45 柳川藩主立花邸 御花**
  - 約15分
  - 御花前から西鉄バス・6番で10分
- **17:45 西鉄柳川駅**

プランニングのアドバイス

お得な「太宰府・柳川観光きっぷ」（P.141）を活用したい。太宰府天満宮の周辺には博物館や寺社などが点在している。観世音寺にはかつてその一部だった戒壇院も隣接しているので、参拝後に立ち寄ってもいい。柳川の川下りは終着点が御花の近くなので、続けて観光しよう。柳川名物・ウナギのせいろ蒸しを食べて帰りたい。

全国の崇敬を集める 菅公の霊廟 に参拝

太宰府天満宮 ➡P.112
だざいふてんまんぐう

年間約1000万人もの参拝者が訪れる全国天満宮の総本宮。菅原道真公の墓所であり、学問・文化芸術の神様として信仰される。四季折々に咲く花も見逃せない。

天満宮の 参道 で太宰府名物を探し歩く

太宰府門前町 ➡P.114
だざいふもんぜんちょう

太宰府天満宮の御神木「飛梅」にちなんだ雑貨はおみやげにもぴったり。梅ヶ枝餅は食べ比べするのもおすすめ。

九州にある寺院の中心的存在だった 観世音寺 へ

観世音寺 ➡P.115
かんぜおんじ

かつてのお堂はほとんどが失われてしまったが、貴重な仏像や文化財を収蔵。宝蔵に収蔵されている数々の仏像は圧巻だ。

元柳川藩主の 伯爵家邸宅 を見学

柳川藩主立花邸 御花 ➡P.122
やながわはんしゅたちばなてい おはな

もとは第5代藩主・立花貞俶の別邸として築かれ、明治時代に伯爵・立花家の住宅として完成した。並び建つ洋館と和館が歴史を語る。

旅情豊かな柳川を どんこ舟 で満喫する

川下り ➡P.121
かわくだり

お堀の水上を船頭にガイドしてもらいながらどんこ舟で進む、柳川の情緒あふれる名物。どんこ舟が行き交う光景も情感がある。

柳川には城下町時代に張りめぐらされたお堀が今も残されている

❖ FUKUOKA NEWS & TOPICS

ニュース＆トピックス

福岡を盛り上げる新たなランドマークに、旅の拠点となるスタイリッシュなホテルなど…
充実した旅を実現させてくれるニュースポットをご紹介。アップデートする福岡の今を楽しもう。

街の新たなシンボルとなる
ランドマーク が登場!!

進化を続ける天神の明治通り沿いに新たな複合
施設が誕生。商業施設が集まる福岡大名ガーデ
ンシティ・ピオスクエアには九州初上陸のショッ
プが多数集結している。

福岡大名ガーデンシティ
ふくおかだいみょうガーデンシティ

2023年6月グランドオープン

大名 MAP 付録 P.12 B-2
☎施設により異なる ㊟福岡市中央区大名2-6-50
⊖施設により異なる ㊍地下鉄・天神駅から徒歩3分
Ⓟ249台

高さ約111m、地上25階建て、天神地区にそびえる新たなランドマークが誕生

2F ASAKO IWAYANAGI FUKUOKA
アサコ イワヤナギ フクオカ

東京・世田谷の人気パ
ティスリーが出店。イ
ートインでパフェやア
フタヌーンティー、ク
レープなどの軽食が
楽しめるほか、焼菓子
などのギフトも揃う。

クレープ エシレカ
ソナード864円は
エシレバターをふ
んだんに使用

☎092-707-4123
⊖11:00〜23:00 ㊡無休

大名ベトナムカゴ
セット3080円

2F LOTUS PALACE
ロータス パレス

洗練されたベトナム料理を
提供するレストランが登場。
アラカルトのほか、コース料理やベトナムア
フタヌーンティーなどが楽しめる。

照明を抑えたスタ
イリッシュな店内で
上質なベトナム料
理を堪能したい

☎092-791-8260 ⊖11:00〜23:00(L.O.21:30) ㊡無休

世界規模で展開する
高級ホテル が九州に初上陸

2023年6月オープン

栃木県の日光に続き、日本で6番目となるザ・リ
ッツ・カールトンが福岡大名ガーデンシティ内に
オープン。福岡でラグジュアリーな滞在、という
選択肢が増えた。

アフタヌーン
ティーや軽食、
ドリンクを提供
するカフェも

ゲストルームの大き
な窓からは、大濠公
園や街を一望できる

ザ・リッツ・カールトン福岡
ザ・リッツ・カールトンふくおか

大名
MAP 付録 P.12 B-2

50㎡以上の客室とスイートルーム、
4つのレストランと2つのバー、博
多湾を望むプールやスパなど、快適
なステイを約束する設備が整う。

☎092-401-8888 ㊟福岡市中央区
大名2-6-50 福岡大名ガーデンシテ
ィ1・3階、18〜24階 ㊍地下鉄・
天神駅から徒歩5分 Ⓟ100台 in
15:00 out 12:00 ⊕167室 ㊟1
泊10万2200円〜

室内プールからは博多
湾の眺望が楽しめる。
24時間利用可能な
フィットネスセンターも

糸島に新たな賑わいをもたらす 複合施設 をチェック

産学官が連携した複合研究開発次世代拠点が登場。蔦屋書店や飲食店、カフェなどがあり、糸島の観光途中に立ち寄りたい。

いとLab+
いとラボプラス

飲食棟には、東京で人気のイタリアン、RODEO&cafeやタイ料理、韓国料理のレストランやカフェなど8店舗が出店。商業棟には、蔦屋書店やスターバックス・コーヒーなどが出店している。

糸島 **MAP** 付録 P.2 C-3
🏠施設により異なる 🅟福岡市西区九大新町 🈺休施設により異なる 🚗西九州自動車道今宿ICから約6km
🅟450台

2023年4月オープン
3.1haの敷地に研究棟のほか、商業棟、店舗棟などがある

雑貨やカフェを備える蔦屋書店でのんびり過ごすのもいい

RODEO&cafe
ロデオアンドカフェ

東京で人気のレストランが出店。炭火や薪火で焼き上げる肉料理が評判で、ミートスパゲッティが絶品。

☎092-836-7351 🈺11:00～23:00 休無休

和牛100%の飯場0具にデミグラスソースをかけ、客の目の前で完成するミートスパゲッティ2480円

おしゃれな店内にはカウンター席も

九州の自然に癒やされるホテル が中洲に登場!!

博多川を望むテラスや九州の渓谷をイメージした大浴場など、大都市の中心にいることを忘れさせるような設備を備え、木々と緑に包まれたホテルがオープンした。

2023年8月オープン

ザ ロイヤルパーク キャンバス 福岡中洲
ザ ロイヤルパーク キャンバス ふくおかなかす

89㎡超のスイートから約18㎡のスタンダードタイプまで、多彩な客室を用意。朝食は薪で調理するものなど3種類から選択できる。

中洲 **MAP** 付録 P.7 E-2

☎092-291-1188 🅟福岡市博多区中洲5-6-20 🚇地下鉄・中洲川端駅から徒歩2分 🅟なし in15:00 out11:00 🛏255室
🈹素泊まり9550円～

10階以上の高層階にあるスカイフロア。リバーサイドの客室からは眼下に博多川が見える

森にいるような感覚が味わえる、木々に囲まれたルーフトップガーデン

地下鉄七隈線が便利に! 天神南駅～博多駅間が開通

2023年3月延伸

地下鉄七隈線の天神南駅から博多駅まで、約1.4kmの区間が延伸した。中間には櫛田神社前駅も新たに設置され、博多駅からの移動の選択肢が増えた。

福岡中心部の移動がますます便利に

新駅、櫛田神社前駅付近に アットホームな宿 が開業

2023年4月オープン

地下鉄七隈線の新駅からアクセス抜群のロケーションに、旅先の家をテーマとするホテルがオープン。

西鉄ホテルクルーム 博多祇園 櫛田神社前
にしてつホテル クルーム はかたぎおん くしだじんじゃまえ

地元の新鮮野菜を使った朝食ブッフェや大浴場などが評判のホテル。宿泊人数に合わせた多彩な客室を備える。

祇園 **MAP** 付録 P.8 A-3

☎092-235-5050 🅟福岡市博多区祇園町6-30 🚇地下鉄・櫛田神社前駅からすぐ 🅟20台 in15:00 out11:00
🛏275室 🈹1泊9000円～

交流が生まれるコミュニティースペース

家族利用にうれしい3人用、4人用の客室も用意

水の静寂、花の賑わい

名だたる大都市ながら、賑わう市街のすぐそばや、郊外に足をのばした先のさまざまな場所に、
美しい花々と水辺の風景が広がっている。

満開の桜と街並みの風情あるコ
ラボ。福岡城さくらまつり期間
中は夜間のライトアップも実施

福岡城跡の公園は
人気の花見スポット

舞鶴公園 ➡ P.58
まいづるこうえん

大濠公園周辺 **MAP** 付録P.4 B-3

櫓や天守台、城壁の残る福岡
城跡周辺を整備した公園。梅
や桜の名所として知られ、ボタ
ン・シャクヤク園などもある。

おすすめの時季
梅:1月下旬〜3月上旬
桜:3月下旬〜4月上旬
ボタン:4月上旬〜下旬
シャクヤク:4月下旬〜5月中旬
花菖蒲:5月中旬〜6月下旬

24

のこのしま アイランドパーク ➡ P.65

能古島 **MAP** 付録 P.3 D-2

ベイエリアから船で10分と、ほど近い離島・能古島の自然公園。一面に広がる四季折々の花と博多湾の風景が美しい。

博多湾に浮かぶ島は福岡の誇る花の名所

春には菜の花が咲き誇る。例年3月上旬〜4月中旬、青い海とのコントラストも美しい

おすすめの時季
ヒマワリ:7月中旬〜8月中旬
コスモス:10月上旬〜11月中旬
日本水仙:12月下旬〜2月中旬

水の静寂 花の賑わい

太宰府天満宮 ➡ P.112

だざいふてんまんぐう

太宰府 **MAP** 付録 P.18 B-1

菅原道真公を慕って飛んできたという飛梅をはじめ、約6000本の梅の木が植えられている。開花の頃、境内は学業成就を祈る人で賑わう。

おすすめの時季
藤:4月中旬〜下旬
アジサイ:5月上旬〜6月下旬
花菖蒲:6月上旬〜下旬
菊:11月

冬の終わりを感じる道真公ゆかりの梅の花

1月下旬〜3月上旬にかけて見頃を迎え、甘い香りに包まれる

バラ園の見頃は春バラ、秋バラの2回ある

海の中道海浜公園 →P.64

うみのなかみちかいひんこうえん

海の中道 **MAP** 付録P.3 E-2

志賀島へと続く砂州上に設けられた国営公園。「フラワーミュージアム」や「バラ園」「花の丘」などで多種多様な花が咲く。

海の中道に咲き誇る四季折々の多彩な花々

おすすめの時季
チューリップ:3月下旬〜4月中旬
ネモフィラ:4月上旬〜下旬
バラ:5月上旬〜6月上旬,10月下旬〜11月中旬
コキア:8月上旬〜10月下旬
コスモス:10月上旬〜下旬

門司港レトロ地区

もじこうレトロちく

門司 **MAP** 付録P.18 B-3

明治初期に開港し、昭和初期にかけて貿易港として栄えた門司港。往時を偲ばせる港町の街並みには大正ロマンがあふれる。

☎093-321-4151(門司港レトロ総合インフォメーション) 所北九州市門司区港町 開休料 散策自由 交JR門司港駅からすぐ Pあり

おすすめの時季
通年

明治・大正時代のレトロな港町の世界

レトロな建物が人気の観光エリアとして生まれ変わった

川下り →P.121

かわくだり

柳川 **MAP** 付録P.19 F-1

街中に水路が張りめぐらされた水郷・柳川ならではの名物。船頭の舟歌に耳を傾けながら、歴史情緒あふれる街並みを眺めたい。

おすすめの時季
桜:3月下旬〜4月上旬
新緑:5月上旬〜6月上旬
紅葉:11月下旬〜12月上旬

どんこ舟から楽しむ水郷の風情ある光景

新緑の季節は、差し込む木洩れ日と水面の輝きが心地よい

福博であい橋
ふくはくであいばし

中洲 MAP 付録 P.7 E-3

商人の街・博多と城下町福岡の境界、那珂川に架かる橋。橋上は公園になっていて、くつろげるほか、中洲の夜景も楽しめる。

☎092-716-6730(県営天神中央公園)
🏠福岡市中央区西中洲
🕐休料散策自由
🚃地下鉄・中洲川端駅から徒歩5分
🅿なし

おすすめの時季
通年

夜の街・中洲のネオンが色鮮やかな夜景を生む

水面に映るネオンの色彩が印象的な夜景をつくり出す

多種多様な植物を展示 美しい花も次々と咲く

春と秋には約280種・1350株のバラが見頃を迎える

福岡市動植物園
ふくおかしどうしょくぶつえん

南公園 MAP 付録 P.4 B-4

植物園では多彩な植物を展示。花壇・バラ園や温室、野草園などで通年美しい花が見られる。

☎092-522-3210(福岡市植物園)
🏠福岡市中央区小笹5-1-1
🕐9:00～17:00(最終入園16:30)
🕐月曜(祝日の場合は翌日)
💰600円
🚃地下鉄・薬院大通駅から徒歩20分
🅿240台(有料)

おすすめの時季
春・秋

白糸の滝
しらいとのたき

糸島 MAP 本書 P.2 B-3

糸島の内陸、羽金山中腹にある滝。夏場の避暑に訪れる人が多く、周辺に咲くアジサイや紅葉など季節ごとの風景も魅力だ。

☎092-323-2114(白糸の滝ふれあいの里)
🏠糸島市白糸460-6
🕐休料散策白由
🚃JR筑前前原駅から車で30分
🅿200台

おすすめの時季
アジサイ:6月下旬～8月上旬
紅葉:11月上旬～下旬

マイナスイオンと自然があふれる癒やしの滝

落差は約24m。天然の涼を求めて夏は多くの人が集う

水の静寂、花の賑わい

27

歴史好きだから足をのばして出かけてみる
福岡県の世界遺産

2015、2017年に世界遺産に登録された資産が注目を集めている。門司（P.116）、柳川（P.120）を訪れる場合に、プランに組み込んでみるのがよい。

門司（P.116）、柳川（P.120）

「神宿る島」宗像・沖ノ島と関連遺産群

宗像三女神を祀る宗像大社の三宮と、ゆかりの豪族・宗像氏の古墳が構成資産。沖津宮の鎮座する沖ノ島は今も神職以外の立ち入りが禁じられている、古の信仰を現代に受け継ぐ象徴的な地である。2017年世界遺産登録。

宗像大社 辺津宮
むなかたたいしゃ へつみや

宗像 MAP 本書P.2C-1

九州本土に鎮座。ほかの二宮・三宮を参拝するための第二宮・第三宮や、古代の祭場・高宮祭場、神宝館などが見どころ。

☎0940-62-1311　所宗像市田島2331　時境内自由、神宝館9:00〜16:30（最終入館16:00）　休無休　料神宝館800円　交JR東郷駅から西鉄バスで11分、宗像大社前下車すぐ　P700台

◐重要文化財の本殿・拝殿は安土桃山時代の再建。当時の特色がよく表れている

宗像大社 中津宮
むなかたたいしゃ なかつみや

宗像 MAP 本書P.2C-1

九州本土沖合10kmの大島に、辺津宮と向き合うように鎮座する。境内に牽牛社と織女社があり、七夕伝説発祥の地とされる。

☎0940-72-2007　所宗像市大島1881　時境内自由　交JR東郷駅から西鉄バス・神湊波止場下車すぐの神湊港から市営渡船で15分、大島港下船、徒歩10分　Pなし

◐沖ノ島を拝むための沖津宮遥拝所

◐大島行きのフェリーは1日7便。中津宮は特に縁結びにご利益がある

◐現存する国内最古の鋼鉄製櫓。第二竪坑の竪坑櫓や、レンガ造りの巻揚機室が残る

三池炭鉱 宮原坑
みいけたんこう みやのはらこう

大牟田 MAP 本書P.2C-4

坑内排水と揚炭を目的にイギリスから最新の機械等を導入し、明治31年（1898）に三井により開坑。年間40万〜50万tを出炭する三池炭鉱の主力坑として活躍した。

☎0944-41-2750（大牟田市観光おもてなし課）　所大牟田市宮原町1-86-3　時9:30〜17:00　休月曜（祝日の場合は翌日）　料無料（ガイドあり）　交JR／西鉄・大牟田駅から西鉄バスで7分、早鐘眼鏡橋下車、徒歩8分　P57台

明治日本の産業革命遺産
製鉄・製鋼、造船、石炭産業

近代日本の産業発展を支えた資産をまとめた世界文化遺産。九州を中心に8県11市に分散する23の資産で構成される。2015年登録。

三池港
みいけこう

大牟田 MAP 本書P.2C-4

遠浅で干満差が大きな有明海でも大型船が入港し石炭の積み出しができるよう、ドック内の水位を保つ閘門を備えて三井が明治41年（1908）に完成させた港。三池港展望所より見学できる。

☎0944-41-2750（大牟田市観光おもてなし課）　所大牟田市新港町　時9:30〜17:00　休月〜金曜　料無料（ガイドあり）　交JR／西鉄・大牟田駅から西鉄バスで10分、三川町1丁目下車、徒歩6分　P69台（展望所駐車場）

◐現在も当時の設備が稼働している

官営八幡製鐵所
かんえいやはたせいてつしょ

八幡 MAP 本書P.3D-1

殖産興業を進める日本が増え続ける鉄鋼の需要に対応するため、明治34年（1901）に操業した官営製鐵所。国内鋼材生産の大半を担い近代化に大きく貢献した。

☎093-541-4189（北九州市総合観光案内所）　所北九州市八幡東区枝光　時9:30〜16:30　休月曜（祝日の場合は翌日）　料無料　交JRスペースワールド駅から徒歩10分　P10台

◐現在も稼働中の工場敷地内にあるため、旧本事務所の外観のみを、80m離れた眺望スペースから遠望可能

特集

歩く・観る

都会の空気に
伝統と歴史が
息づいている

古来からアジアへと開き
日本の玄関口のひとつとして栄え、
今も常に世界から多彩な文化が集う。
時代の潮流をとらえた新スポットは
街にさらなる活力をもたらし、
近年は移住先としても注目を集める。
その魅力を全身で感じたい。

博多駅周辺
はかたえきしゅうへん

アクセス方法
福岡空港
地下鉄空港線5分
博多駅

いつでも人があふれる福岡の陸の玄関・博多駅には、巨大な駅ビルや周辺ビルなど、買い物&食事スポットが直結。雨の日も電車待ちにも便利な、博多の注目度No.1エリア。

歩く・観る●博多駅周辺

博多駅の博多口前広場。夜はライトアップによりより華やかな雰囲気に

次々と進化する博多の駅ビルでショッピングやグルメを楽しむ

福岡の玄関口にして各地へのアクセスの起点となる博多駅の駅前には、多くのホテルが立ち並ぶ。日本最大規模の駅ビル・JR博多シティの隣には、複合商業施設のKITTE博多、JRJP博多ビルがあり、駅直結型の一大ショッピング&グルメゾーンを形成。博多では、最もホットなエリアとして注目を集めているのが駅前エリアで、現在も「博多コネクティッド」と題して、駅周辺の再開発が進められている。駅から西へ10分ほど歩けば、森に囲まれた住吉神社、那珂川河岸には運河が構内を流れる大型ショッピングモール・キャナルシティ博多がある。

駅前に立つ黒田節像。民謡『黒田節』に歌われている武士の母里太兵衛(もりたへえ)がモデル　写真提供:福岡市

JR博多シティの壁面に設置された大時計。裏側のカフェから時計がのぞける

JR博多シティ屋上にあるつばめの杜ひろばに立つ、旧博多駅1番ホームの柱

30

キャナルシティ博多

キャナルシティはかた

ショップやレストラン、映画館に劇場、ホテルなどが集まる大型複合商業施設。中央に運河が流れる。

MAP 付録P.8A-4 **➡P.37**

JR博多シティ

ジェイアールはかたシティ

JR博多駅博多口にある日本最大級の駅ビル。ファッションからみやげ物まで揃い、レストラン街も充実している。

MAP 付録P.15 E-2 **➡P.32**

KITTE博多

キッテはかた

博多駅からアクセス抜群の大型商業施設。1〜7階には九州初の博多マルイのほかに、地下1階、9・10階には飲食店が充実。

MAP 付録P.15 D-3

所 福岡市博多区博多駅中央街9-1
交 博多駅直結 P あり(有料)

岸辺の買い物・参拝スポット

住吉

すみよし
MAP 付録P.5 D-2・3

JR博多駅の西のエリア。那珂川沿いの中洲対岸には大型ショッピングモールのキャナルシティ博多が、その南に日本三大住吉のひとつ・住吉神社(P.67)が建つ。

↑住吉神社はオフィス街近くの緑のオアシス

アクセス便利な観光拠点

博多駅周辺

はかたえきしゅうへん
MAP 付録P.15

ホテルが立ち並び、観光拠点に便利な博多の玄関口。国内最大級の駅ビル・JR博多シティに加えてKITTE博多も登場し、博多で今、最も注目のエリア。

↑駅ビルのJR博多シティは博多駅の顔

JRJP博多ビル

ジェイアールジェイピーはかたビル

KITTE博多の隣のオフィスビル。地下1階の飲食街「駅から三百歩横丁」(P.36)には、もつ鍋や焼鳥などの地元の名店が集まる。

MAP 付録P.15 D-4

所 福岡市博多区博多駅中央街8-1
交 博多駅からすぐ P なし

博多駅周辺

ひとつの街のような大規模空間

JR博多シティ
ジェイアールはかたシティ

福岡はもちろん九州の交通拠点でもある博多駅は、駅そのものが大きな街だ。日本有数の大規模な駅ビルを大解剖。

**博多駅直結の抜群のアクセス
駅ビルにショップやグルメが大集結**

日本最大級の駅ビルのJR博多シティは、アミュプラザ博多や博多阪急など、駅に直結したたくさんの商業施設の総称。博多の魅力満載の飲食店街やみやげ物街、デパートやエンターテインメント施設がぎゅっと集まっており、外に出ることなく効率的に買い物や食事、遊びを満喫できるのが魅力。とにかく広いので、その全容をつかんでおきたい。

MAP 付録P.15 E-2
☎ 092-431-8484(アミュプラザ博多インフォメーション)
🏠 福岡市博多区博多駅中央街1-1
🕐 施設により異なる
🚃 博多駅直結　🅿 提携駐車場利用

駅前広場に突き出した流線形の屋根が近未来的な雰囲気

外壁を飾る駅のシンボルの大時計。夜はLEDで美しく輝く

アミュプラザ博多
アミュプラザはかた

レストラン街と専門店が充実

地下1階から10階に、ハンズ、約40軒の飲食店が揃うシティダイニングくうてん(P.34)、ファッションや雑貨、食品などの専門店街が並ぶ。

↑JR博多シティの中核となるアミュプラザ博多

MAP 付録P.15 E-2
☎ 092-431-8484(アミュプラザ博多インフォメーション)
🕐 10:00～20:00、レストラン11:00～22:00(一部店舗は～24:00)
🈺 不定休(HPで要確認)

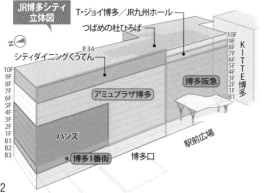

JR博多シティ立体図

T・ジョイ博多／JR九州ホール
つばめの杜ひろば
P.34
シティダイニングくうてん
KITTE博多
博多阪急
アミュプラザ博多
ハンズ
博多1番街
博多口
駅前広場

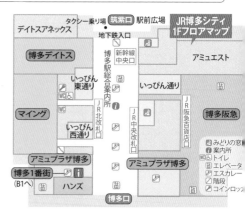

JR博多シティ1Fフロアマップ

タクシー乗り場　筑紫口　駅前広場
デイトスアネックス
地下鉄入口
博多デイトス
新幹線中央口
アミュエスト
博多駅総合案内所
いっぴん東通り
いっぴん通り
マイング
JR北改札口
JR阪急百貨店
博多阪急
いっぴん西通り
JR中央改札口
アミュプラザ博多
博多1番街
アミュプラザ博多
ハンズ
博多口

みどりの窓口
案内所
トイレ
エレベータ
エスカレー
階段
コインロッ

歩く・観る●博多駅周辺

多くの人が行き交い賑わう、JR博多シティ正面の駅前広場

←2階部分に設けられたペデストリアンデッキは、イルミネーション期間には光の回廊へと姿を変える

←クリスマスシーズンにはイルミネーションイベント「光の街・博多」を実施

屋上で憩いのひととき

JR博多シティの屋上にある「つばめの杜ひろば」（P.71）。緑と花が植えられ、展望テラスからは市街を一望。ミニ列車や鉄道神社もある。

←鉄道神社前には、頭をなでると願いが叶うという「縁結び七福童子」が

注目のポイント

博多みやげや博多名物グルメがとにかく種類豊富

雨も日差しも気にしないで、ゆっくり買い物ができる

マイング

市内最大級のおみやげ処

JR博多駅構内にあるおみやげ処。九州各地のおみやげや九州最大集積の明太子売り場、飲食店やスーパーマーケットなどの店舗も並ぶ。

↑おみやげ探しに訪れたいゾーン

MAP 付録P.15 E-2

☎092-431-1125（マイングインフォメーション）営9:00〜21:00（一部7:00〜23:00）

休無休

博多阪急
はかたはんきゅう

豊富な品揃えと上質のクオリティ

百貨店ならではの品揃えとファッションを提供。地下1階食品フロア「うまちか!」には限定みやげも多数揃う。

↑JR博多駅に直結

MAP 付録P.15 E-3

☎092-461-1381 営10:00〜20:00

休不定休

博多デイトス
はかたでいとす

こだわりみやげと名物グルメ

九州のおみやげが揃う「みやげもん市場」、惣菜やパティスリーが並ぶ「いっぴん通り」、九州各地の麺が味わえる「博多めん街道」が人気。

↑テーマごとに店舗が分かれ探しやすい

MAP 付録P.15 E-2

☎092-451-2561（アミュエスト・デイトスサービスカウンター）営8:00〜21:00（店舗により異なる）

休店舗により異なる

博多1番街
はかたいちばんがい

夜まで楽しめる14店舗の飲食街

九州のご当地グルメや地元で愛される、バラエティ豊かなお店が並ぶ。朝食から夜のちょい飲みまで、博多グルメが気軽に楽しめる。

↑計14の飲食店が並ぶ

MAP 付録P.15 E-2

☎092-431-1125（マイングインフォメーション）営7:00〜23:00（店舗により異なる）

休無休

新鮮な海の幸と糸島産野菜が
味わえる陽気なスペインバル

バル・エスパニョール
ラ・ボデガ

シティダイニングくうてん 10F

糸島産の採れたて野菜や四季折々の鮮
魚など、素材の旨みを最大限に生かし
たスペイン料理が味わえる。お供は日
本ではこの店専用に卸されるというス
ペインワイン。博多店限定コースは飲
み放題付きで5830円〜。

☎092-710-5717
🕙11:00〜23:00(LO22:00)
🈑JR博多シティに準ずる

予約	可
予算	Ⓛ1200円〜
	Ⓓ4000円〜

⬆️ソファを採
用したテーブ
ル席を中心に
カウンター、
開放的なテラ
ス席を設ける

⬆️10種類以上の旬の野菜を使った
糸島野菜のバーニャカウダ1309円。
カニみそが隠し味のソースで味わう

⬆️ワインはすべてスペイン産。グラ
スは759円〜、ボトルは4290円〜

⬆️口に入れたとたん、渡り蟹とウニの旨みがおし寄せる渡り蟹と生ウ
ニのパエリャは1人前2189円で2人前から注文受付

福岡自慢の美食が集う人気レストランゾーン

シティダイニングくうてん

JR博多シティ最上層に位置する、日本最大級のグルメフロア。幅広いジャンルの名店にご当地グルメも
交え、40近くの店舗が揃う。到着・出発の際はもちろん、わざわざ訪れる価値ありの充実ぶり。

MAP 付録P.15E-2(アミュプラザ博多9・10F)

⬆️親子重の並880円。肉の量が1.5倍の上は1080円。鶏肉の旨みが強く、
ほどよい食感が楽しめる

⬆️銘柄鶏「はかた一番どり」を
使った博多水炊きは1人前1800円。
締めは雑炊または五島うどん

⬆️テーブル席のほかカウンター
席があり、一人客も利用しやすい

滋味深い鶏の旨みが堪能できる
親子重が名物の鶏肉料理店

かしわ屋源次郎

かしわやげんじろう

シティダイニングくうてん 9F

福岡は鶏肉の支出金額全国1位。鶏肉大
好きな福岡っ子を満足させる専門店が
ここ。名物「親子重」は鶏だしから作る
つゆの味が絶品。水炊きは予約不要、1
人前からオーダーすることができる。

☎092-477-9408
🕙11:00〜23:00(LO22:00)
🈑JR博多シティに準ずる

予約	可
予算	ⓁⒹ1000円〜

⬆️JR、地下鉄の
博多駅と直結した
「JR博多シティ」
の9階にある

近海産海の幸を熟練の技で握る
冬のアラやふぐの鍋ものもぜひ

鮨割烹やま中
すしかっぽうやまなか

シティダイニングくうてん 9F

博多を代表する寿司割烹の店。五島列島や有明海をはじめ、近海ものを中心とした旬の魚にひと手間ふた手間加えた寿司は華やか。黒酢と米酢をブレンドしたしゃりが旬の魚の旨みを引き立てる。

☎092-409-6688
🕐11:00〜14:30(LO) 17:00〜21:00(LO)
※ネタがなくなり次第閉店
🚃JR博多シティに準ずる

↑ネタは季節により変わる。写真は6600円の握りで、トロやアラ、ウニとイクラの小丼など

落ち着いた雰囲気を見せるエントランス(左)。店内は30席あり、福岡市街が望める個室も用意されている(右)

予約	望ましい
予算	Ⓛ3300円〜
	Ⓓ6600円〜

↑職人技を見ながら握りが味わえるカウンター。つまみでお酒を楽しむ一人客にも人気

シティダイニングくうてん

看板メニューの博多めん鯛まぶし。椒房庵のあごだしめんたいこと鯛のお刺身を贅沢に使用。レモンを搾って、だし卵黄とろろをかけて、最後はだし茶漬けでと3種類の食べ方で楽しめる

あごだしめんたいこと
博多の家庭料理が自慢の食事処

めんたい料理 博多 椒房庵
めんたいりょうり はかた しょぼうあん

シティダイニングくうてん 9F

福岡みやげで名高い椒房庵の「あごだしめんたいこ」を贅沢に使った料理を提供。看板料理の「博多めん鯛まぶし」をはじめ、博多ならではの家庭料理や季節の旬菜などを、ひと手間かけて、ていねいに作られたプロの味が楽しめる。

☎092-409-6611
🕐11:00〜16:00
(LO15:30) 17:00〜
22:00(LO21:00)
🚃JR博多シティに準ずる

予約	可
予算	Ⓛ2500円〜
	Ⓓ4000円〜
	(お通し350円)

↑厳選した日本酒や焼酎、生ビールを用意。九州各地のこだわり果汁ジュースなども揃う

↑落ち着いた店内で、新しい「めんたい料理」を堪能したい

↑あごだしめんたいこのおいしさを生かした料理を提供する食事処

博多っ子も注目 駅から三百歩横丁

駅地下をぶらりと歩いて、地元で話題の店が出店する飲食街へ

えきからさんびゃっぽよこちょう　MAP 付録P.15 D-4

博多駅の地下で直結するJRJP博多ビル（P.31）地下1階の飲食街に、福岡で評判の路面店10店舗が出店。「駅から300歩」という気軽に立ち寄れる場所で、さまざまな名物料理が楽しめる。

ピッツェリア・ダ・ガエターノ

MAP 付録P.15 D-4

ナポリの名店が認めた味を福岡で

ナポリで3代続くピッツァの名店が世界で唯一、暖簾分けを許したピッツェリアの2号店。ホールはキッチンを囲むカウンター席がメインで、調理場のライブ感がダイレクトに感じられる。食材にこだわったピッツァや料理を豊富なグラスワインとともに味わいたい。

☎092-409-7298
🕐11:30～15:00(LO14:30) 17:00～23:30
(LO22:30) 土・日曜、祝日11:30～23:30
(LO22:30) 🈺火曜（12月を除く）

↑イタリア製VALORIANIの上位機種窯を使用している

↑「駅から三百歩横丁」の最奥。自然光が差し込む

予約	可
予算	Ⓛ2000円～
	Ⓓ4000円～

名物！ピッツァ
ロディジャーノ 3168円
焼き上がったアツアツのピッツァにルッコラ、削りたての生ハム、ふわふわのロディジャーノチーズをオン。樽生ランブルスコ1杯638円、デカンタ2552円

焼とりの八兵衛 JRJP博多店

やきとりのはちべえ ジェイアールジェイビーはかたてん
MAP 付録P.15 D-4

豚・牛もある福岡スタイル

福岡スタイルの焼鳥を開放的な空間で提供する人気店。鮮度抜群の素材を高温の備長炭で一気に焼き上げるため、外はカリカリ、中は旨みたっぷりでジューシーだ。福岡では定番の豚バラのほか、スキヤキ串など「変わり焼鳥」もあり、種類は豊富。

☎092-260-8556
🕐11:00～24:00 🈺JRJP博多ビルに準ずる

予約	不可
予算	Ⓛ Ⓓ3500円～

人気のネタの
八兵衛盛り 2543円
豚バラもセットされているので、迷ったらこれを頼みたい

長浜鮮魚卸直営店 博多 魚助

ながはませんぎょおろしちょくえいてん はかたうおすけ
MAP 付録P.15 D-4

博多の魚を市場直送の鮮度で

福岡の長浜鮮魚市場で卸業を営む会社が経営。新鮮な魚介類が手に入ることから、刺身など魚料理をリーズナブルな値段で提供している。メニューは豊富で、一皿の量はボリュームたっぷり。仲間とシェアしながらいろいろな料理を楽しみたい。

☎092-409-0322
🕐11:30～23:00(LO)
🈺JRJP博多ビルに準ずる

予約	不可
予算	Ⓛ980円～
	Ⓓ2000円～

お刺身活盛り 2人前
1100円
マグロの
レアカツレツ660円
刺身などの魚料理はその日の仕入れで内容が変わる。酒類は地酒や焼酎のほか、オリジナルサワーなどが揃っている

見どころ

キャナルアクアパノラマ

夜間は約2500インチの3Dプロジェクションマッピング映像とコンサートホール並みの音響、照明、噴水が織りなす総合エンターテインメントを上演。

季節の装飾

7月の山笠期間は飾り山笠、クリスマス、正月には眩しく輝くツリーやイルミネーションなどの装飾が登場。

噴水ショー

水辺の広場で10時から22時まで30分ごとに開催されている。映像や照明を活用し、華やかな雰囲気に。

○ 地下1階を流れる運河の両岸に曲線的な建物が並び、壁面が渓谷をイメージした吹き抜けの空間をつくる

運河が流れるショッピングモール

キャナルシティ博多
（キャナルシティはかた）

運河（キャナル）をテーマにデザインされた特徴的な建築空間で、ショッピングやグルメ、エンターテインメントを満喫できる。

画期的なデザインの空間内にショップや娯楽施設も充実

1996年に開業した複合商業施設で、のちに六本木ヒルズやなんばパークスを手がけたアメリカ人建築家ジョン・ジャーディが建築設計を担当。構内を約180mの運河が流れ、曲線的で色彩豊かな建物が並ぶ画期的なデザインの空間に、さまざまなジャンルの施設が集う。

MAP 付録P.8 A-4
☎092-282-2525（情報サービスセンター）
新福岡市博多区住吉1-2　営店舗により異なる
休無休　交博多駅から徒歩10分　P1300台（有料）

ユナイテッド・シネマ
United Cinema 　遊ぶ

IMAXデジタルシアター、4DX®デジタルシアター、プレミアム・ダイニング・シネマを備える最先端エンタメコンプレックス。

キャナルシティ劇場
Canal City Theater 　遊ぶ

ノースビルの最上階に位置する。福岡屈指のエンターテインメントシアターとして知られる。

ラーメンスタジアム
Raumen Stadium 　食べる

センターウォーク5階。博多ラーメンから九州、日本各地を代表する有名店まで8店が集合。

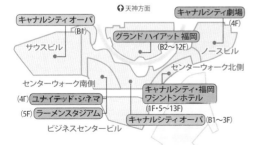

○ 天神方面
キャナルシティオーパ（B1）
サウスビル
グランドハイアット福岡（B2〜12F）
キャナルシティ劇場（4F）
ノースビル
センターウォーク北側
センターウォーク南側
（4F）ユナイテッド・シネマ
キャナルシティ・福岡ワシントンホテル（1F・5〜13F）
（5F）ラーメンスタジアム
キャナルシティオーパ（B1〜3F）
ビジネスセンタービル
○ 博多駅方面
N

キャナルシティ オーパ
Canal City OPA 　買う

サウスビル地下1階とセンターウォーク地下1階から3階の、人気ショップが集まるショッピングセンター。

グランド ハイアット 福岡 　→P.136
Grand Hyatt Fukuoka 　泊まる

中央の噴水ステージの向かいには、東洋と西洋の融合美がテーマのラグジュアリーホテルが入る。

キャナルシティ・福岡ワシントンホテル
Washington Hotels 　泊まる

センターウォーク5階以上が客室のホテル。コストパフォーマンスに優れ、観光からビジネスまで使える。

ネオン瞬く歓楽街と懐かしの下町

中洲・川端
なかす・かわばた

ノスタルジックなアーケード商店街や古い寺社を巡り、商人の街・川端の下町情緒や人情にふれる街歩き。夜は中洲へ繰り出し、博多の美食を味わい尽くす。

アクセス方法

福岡空港	博多駅
⊖地下鉄空港線 8分	⊖地下鉄空港線 3分
中洲川端駅	

歩く・観る●中洲・川端

昭和通りの東中島橋から博多リバレイン方面を望む

昔ながらの博多が見える場所
下町と博多グルメを堪能

　那珂川と博多川に挟まれた中洲は、九州随一の歓楽街。おしゃれなバーや昔ながらの老舗料理店、川沿いの屋台街とあらゆるグルメが揃う。深夜まで人が絶えず、ネオンサインが川沿いと水面を彩る夜景の美しさも魅力だ。博多川右岸に広がる川端は、古くからの商人町。博多商人の援助を受けて建立された寺院や、博多の総鎮守・櫛田神社など歴史ある寺社が多く、懐かしさ漂う川端商店街など、古き良き博多の面影が残る味わいたっぷりの下町だ。中洲川端駅の近くには、特徴的な美術館も入る大型ファッションビル・博多リバレインがある。

⊕那珂川から街を眺めるリバークルーズ。夜景のきれいなナイトクルーズも催行する

⊕700年以上の伝統を誇る7月の博多祇園山笠は、博多っ子気質の象徴ともいえる行事

路地裏の名店が集まる

春吉
はるよし

MAP 付録P.7・11

博多と天神の中間、中洲の南に位置し、下町風情を感じさせる細い路地が迷路のように続く。隠れ家的な飲食店が多い。

⊕「Pissenlit」など人気の食事処が多い

大人のムード漂うグルメタウン

西中洲
にしなかす

MAP 付録P.7 E-3

歓楽街として賑わう対岸の中洲に比べ、静かな大人の雰囲気が漂うグルメエリア。ハイグレードで本格派の割烹やフレンチなどが集まる。

↑博多と福岡の街を結ぶ福博であい橋

水上公園 SHIP'S GARDEN
すいじょうこうえん シップス ガーデン

博多と天神の中間に位置する、市民の憩いの場。飲食施設には朝食が人気の「bills福岡」や中国料理の名店「西中洲星期菜」が出店。

MAP 付録P.7 D-3　➡P.45

博多リバレイン
はかたリバレイン

地下鉄中洲川端駅直結の大型複合施設。約50のショップやレストランの入る「博多リバレインモール」、劇場「博多座」や「福岡アジア美術館」「ホテルオークラ福岡」等がある。

MAP 付録P.7 E-2
🏠福岡市博多区下川端町3-1、3-2、2-1
🚃地下鉄・中洲川端駅直結　Ｐあり(有料)

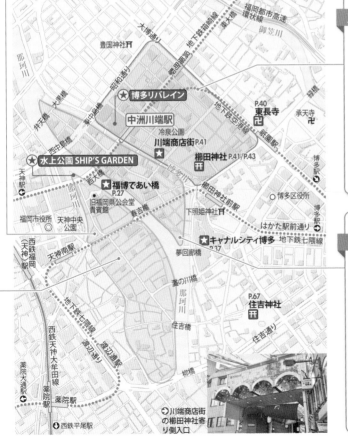

↑川端商店街の櫛田神社寄り側入口

下町の面影を残す街

川端
かわばた

MAP 付録P.7・8

商人文化と下町情緒が色濃く残り、古い寺社が点在する歴史散策スポット。7月の博多祇園山笠の期間中は、街全体が祭り一色に包まれる。

↑博多祇園山笠が奉納される櫛田神社

福岡の夜を屋台で満喫

中洲
なかす

MAP 付録P.7

九州きっての歓楽街。日が暮れるとともにネオンが美しく瞬き、那珂川沿いには名物の屋台が並ぶ。ご当地料理から創作料理まで多彩に味わえる。

↑川沿いに屋台が並ぶ情感ある風景

中洲・川端

博多商人の心意気が息づく伝統と寺社の街を歩く

山笠の街

（やまかさ）

古くから商人の街として賑わった川端地区。老舗の懐かしい看板が並ぶアーケード商店街や歴史ある寺社を訪ね、下町の人情や文化を感じる。

寺社や商店街に残された古き下町
商人町の伝統文化を見て体験する

古い寺社が点在し、博多の商人文化と下町風情が色濃く残る街。東長寺、櫛田神社は、いずれも博多祇園山笠（P.42）ゆかりの寺社。山笠の街の随所で、飾り山笠を目にできる。「博多町家」ふるさと館では博多商人の昔の暮らしや伝統工芸にふれられる。懐かしさ漂う川端商店街では、古き良き下町の雰囲気やおみやげ探しを楽しみたい。

地下鉄箱崎線→
P.39
博多リバレイン
★
川端ぜんざい広場
中洲川端駅
冷泉公園
GOAL
天神駅
川端商店街 4
地下鉄空港線
大博通り
1 東長寺
妙楽禅寺 卍
乳峰寺 卍
天興寺 卍 承天寺 卍
六角堂 卍
祥勝院 卍・博多千年門
祇園駅
START
2 「博多町家」ふるさと館
3 櫛田神社
櫛田神社前駅
P.37
★キャナルシティ博多
春吉橋
那珂川
地下鉄七隈線
博多川
202
地下鉄空港線
御笠川
緑橋
博多駅
N
0　　　200m

歩く・観る・中洲・川端

1 東長寺

（とうちょうじ）

☎092-291-4459　所福岡市博多区御供所町2-4　時9:00〜17:00
休無休　料大仏拝観50円（線香・ろうそくのお供えとして）
交地下鉄・祇園駅からすぐ　P50台

MAP 付録P.8 B-2

立派な大仏と五重塔がある

弘法大師が最初に創建した密教寺院。福岡藩主・黒田家の菩提寺でもある。日本最大級の木造坐像の福岡大仏、総檜造りの五重塔など見どころ豊富。

◑創建1200年を記念して
2011年に完成した五重塔。
高さ約26mの総檜造り

博多商人の呼びかけで建立

六角堂
（ろっかくどう）

江戸後期に豊後屋栄蔵が商人に浄財を募って建立。6体の仏像が毎月28日に開帳される。

2 「博多町家」ふるさと館

（はかたまちや」ふるさとかん）　→P.66

MAP 付録P.8A-2

伝統工芸の実演見学や体験もできる

博多の暮らしや文化にふれられる「展示棟」、明治中期の町家を移築復元した「町家棟」「みやげ処」の3棟で構成。

◑みやげ処には
博多の銘菓や伝
統工芸品などが
並ぶ

⬆博多商人や山笠の貴重な資料が見られる博多歴史館も併設

移動時間 ◆ 約10分

散策ルート

祇園駅
ぎおんえき

⬇ まずは祇園駅から東長寺へ
徒歩すぐ

1 東長寺
とうちょうじ

⬇ 大博通りから、鳥居が目印の櫛
田表参道に入る 徒歩5分

2 「博多町家」ふるさと館
「はかたまちや」ふるさとかん

⬇ ふるさと館から50mほど進め
ば櫛田神社に到着 徒歩すぐ

3 櫛田神社
くしだじんじゃ

⬇ 櫛田神社の北にあり、神門から
目と鼻の先 徒歩2分

4 川端商店街
かわばたしょうてんがい

⬇ 気になる店をのぞきながら、中
洲川端駅へ 徒歩すぐ

中洲川端駅
なかすかわばたえき

山笠の街

3 櫛田神社
くしだじんじゃ

MAP 付録P.8 A-3

山笠で有名な「お櫛田さん」

奈良時代創建と伝わる博多の総鎮守で
商売繁盛の神様。7月の博多祇園山笠
(P.42)、5月の博多松囃子(博多どんた
く)、10月の博多おくんちと盛大な祭りで
知られる。境内には豪華な飾り山笠を展
示する(6月を除く)。

☎092-291-2951 ㊟福岡市博多区上川端町1-41
㉁4:00〜22:00(博多歴史館10:00〜16:30)
㊡無休 ㊍無料(博多歴史館300円)
㊋地下鉄・中洲川端駅から徒歩5分/櫛田神社前駅
からすぐ ㋹50台(有料、8:00〜17:00)

⬆夫婦円満と縁結びの大樹・夫婦銀杏や樹齢1000
年を超す御神木・櫛田の銀杏も有名

4 川端商店街
かわばたしょうてんがい

MAP 付録P.7 F-2

飾り山笠もあるレトロ商店街

博多リバレインとキャナルシティ博多(P.37)
の間に約400m続くアーケード商店街。懐か
しさ漂う飲食店や博多銘菓・伝統工芸品の
老舗など、120店以上が並ぶ。

☎092-281-6223(上川端商店街振興組合)
/092-281-0222(川端中央商店街振興組合)
㊟福岡市博多区上川端町 ㉁❺店舗により異なる
㊋地下鉄・中洲川端駅/櫛田神社前駅からすぐ ㋹なし

⬆博多弁が書かれた博多弁番付が垂れ下がっている
写真提供:福岡市

休憩スポット

川端ぜんざい広場
かわばたぜんざいひろば

MAP 付録P.7 F-2

大正時代に生まれ、一度は店
仕舞いした川端ぜんざい。地
元市民の要望に応えて、上川
端商店街が復活させた。

☎092-281-6223(上川端商店街振
興組合) ㊟福岡市博多区上川端
10-256 ㉁11:00〜18:00
㊡月〜木曜(イベント開催日は営業)
㊋地下鉄・中洲川端駅からすぐ
㋹なし

⬆川端ぜんざい650円。夏は氷ぜん
ざいも登場する

○櫛田神社の清道を回る間は「櫛田入り」として、コースとは別に所要時間を計る

街を満たす熱気が博多に夏の到来を告げる

伝統を継ぐ博多祇園山笠
はかたぎおんやまかさ

「おっしょい！」勇壮なかけ声に、勢水と汗が飛び散るなかを駆け回る。
きおいみず
締め込み姿で山笠を舁く男衆の粋な姿が、人々の心も限りなく熱くさせる。

770年超の歴史を誇る
博多の象徴的伝統行事

　毎年7月に行われる、博多の総鎮守・櫛田神社の奉納行事。承天寺開基・聖一国師が仁治2年（1241）に疫病退散のため祈祷水をまいたのが起源とされ、昔櫛田神社の神官が不在だった頃は、東長寺住職が祝詞をあげたことから、縁のある両寺にも奉納される。期間中は飾り山笠が各所に設置され、舁き山笠が街中を巡る。最終日の「追い山笠」は貞享4年（1687）、流同士のいさかいから山笠で競走を始めたのがきっかけで、以来祭りの目玉になっている。伝統を守るため新しいものを柔軟に取り入れていく、博多らしい象徴的行事だ。

▶ 山笠基本用語

流 ながれ
博多独自の町割で、十数の町で1つの「流」を形成し町人自治や祭礼行事に取り組んできた。計7の流（七流）で山笠を奉納し、飾り山笠が増えた今日でも舁き山笠を用意するのは七流のみ。山笠に年ごとに輪番でふられる番号も、一～七番は七流内で回る。

清道旗 せいどうき
山笠と縁の深い承天寺と東長寺の前と、櫛田神社境内に設置される旗。その周囲の円周状の道（清道）を180度旋回することで、山笠が奉納される。

追い山笠
おいやまかさ

博多祇園山笠のクライマックス。午前4時59分に一番山笠から順に次々と櫛田入りし、町内約5kmのコースを全力で駆け抜け、その速さを競い合う。

櫛田入り くしだいり
「追い山笠」の最初、櫛田神社に舁き入れてから町内に飛び出すまでの間。見学できる桟敷席券は毎年6月26日午前9時から発売されるが、30分以内に完売するほど大人気。

差し山と堂山 さしやまとどうやま
奇数番の山笠を差し山といい、勇壮な人形と櫛田神社三神の神額を配置。偶数番の山笠は堂山といい、優美な人形とお堂の作り物を配置し、陰陽の調和をとるとされる。

山解き やまとき
追い山笠を走り終えたその朝すぐに舁き山笠は解体される。

飾り山笠
かざりやまかさ

もともとは高さ10m超の山笠が博多の街を駆け抜けていたが、近代に電信架線が整備されると電線の切断事故が相次いだため、従来の大きな山笠は各所に設置して飾られるのみとなった。その絢爛豪華な姿は見物人を魅了し続け、やがて博多の街の外にも進出。現在では本来の昇山以外に14本の飾り山笠が立てられる。そのうち上川端通の山笠は櫛田入りに実際に参加するため「走る飾り山笠」と呼ばれ、迫力ある姿が見られる。

江戸時代の山笠

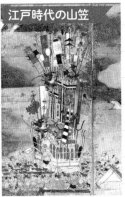

『博多祇園山笠巡行図屏風』（福岡市博物館所蔵）。近代以前は10mを超す高さの山笠が街中を走り回った

明治31年（1898）に福岡県知事が提議した山笠中止を避けるため、飾り山笠と分離。山笠を昇く男たちが全速力で走り回るスピード感は、見物客の血も熱くたぎらせる

昇き山笠
かきやまかさ

電線に引っかからないよう背を低くし、飾り山笠とは別に実際に昇いて博多の街を駆け抜けられるように作られた山笠。七流がそれぞれ櫛田神社に奉納し、豪快雄壮な「男の祭り」を体現する。

昇き手の装束

博多祇園山笠振興会
（土居流）正木研次さん

手拭い てのごい
水法被着用時には必ず頭に巻く。
色、柄が役職や役割で分けられている。

水法被 みずはっぴ
山昇き中は勢水（きおいみず）を浴びるためこの名がついた。流や町ごとにデザインが異なり、ひと目で見分けられる。法被の前を固く結んで着用。

腹巻 はらまき
腹部を保護するほか、端を捻って綱のようにすることで、転倒したときにほかの者がこの端を引っ張って助け起こせるようになっている。

締め込み しめこみ
3mの長さの綿製の布を締める儀礼装束。
相撲の「まわし」と似ているが、前垂れがあるのが独特。

昇き縄 かきなわ
山笠を担ぐとき、昇き棒にかける縄。

脚絆・地下足袋 きゃはん・じかたび
すねを守るための脚絆を着用し、足元を固め、アスファルトの道路を走るため足裏が丈夫なゴム製の地下足袋を履く。色は紺色に揃えるのが一般的。

博多祇園山笠スケジュール

7月1日 ▶注連下ろし しめおろし
街の角々に笹竹を立て注連縄を張り、流区域を清める。

7月1日 ▶ご神入れ ごしんいれ
飾り山笠に神を招き入れ、済んだものから順に一般公開される（昇き山笠にも6～7日頃に行われる）。

7月1日 ▶当番町お汐井とり とうばんちょうおしおいとり
その年の各流の当番町が、箱崎浜から真砂を持ち帰る。

7月9日 ▶全流お汐井とり ぜんながれおしおいとり
各流の昇き手が総出でお汐井とりし、安全を祈願する。

7月10日 ▶流昇き ながれかき
それぞれの流区域内で昇き山笠を昇き回る。

7月11日 ▶朝山笠 あさやまかさ
町総代や旧役員の接待として、早朝に流昇きを行う。

7月11日 ▶他流昇き たながれかき
この日2回目の流昇き。流の外に出て昇き回る。

7月12日 ▶追い山笠ならし おいやまかさならし
午後3時59分、一番山笠から順に櫛田入りし、追い山笠をリハーサル。櫛田入りとコース走破のタイムも計測。

7月13日 ▶集団山見せ しゅうだんやまみせ
全流の昇き山笠が福岡中心部に乗り入れ一堂に会する。

7月14日 ▶流昇き ながれかき
本番前日、最後の練習として各流の区域内を昇き回る。

7月15日 ▶追い山笠 おいやまかさ
午前4時59分、大太鼓の合図とともに一番山笠から順に櫛田入り。櫛田入りとコース走破のタイムを競う。

山笠期間外も飾り山笠を展示

櫛田神社 ➡P.41
くしだじんじゃ
MAP 付録P.8A-3
参詣の際に見学したい

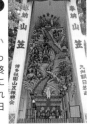

山笠について広く知ってもらうため、期間終了後も翌年6月上旬に解体されるまで飾られる番外の山笠。7月1日に新しい山笠を公開。

川端ぜんざい広場 ➡P.41
かわばたぜんざいひろば
MAP 付録P.7F-2
異名「走る飾り山笠」

七流のあと最後の8番目に櫛田入りするため、輪番制の山笠で不動の「八番」である上川端の飾り山笠を展示。

名所をクルーズ船から眺める

中洲から博多湾へ
水上遊覧に出発

中洲西側を博多湾まで流れる那珂川で催行される名物クルーズ。
船上のショーやパフォーマンスも楽しみながら、川沿いの景色を眺めたい。

歩く・観る●中洲・川端

博多・中洲・那珂川
水上バス リバークルーズ

はかた・なかす・なかがわ すいじょうバス リバークルーズ

MAP 付録P.7 E-3

那珂川から博多湾までを往復する
人気のクルーズプラン

活気あふれる福岡の街並みを水上から眺めるクルージング。船前方に設置されたステージで披露される日替わりのショーやパフォーマンスも魅力のひとつで、遊覧船の楽しい気分をより盛り上げてくれる。

☎080-5215-6555　所福岡市中央区西中洲6(福博であい橋)　時11:00頃〜22:00頃(不定期運航、所要時間30分)電話受付10:00〜17:00　休不定休　料1000円〜　交地下鉄・中洲川端駅から徒歩6分の福博であい橋から出航　Pなし

↑日替わりでアーティストによる船上ライブが楽しめる

注目ポイント

水上から夜景を楽しむ
ナイトクルーズ

夜間のクルーズなら、都会ならではの街灯りやライトアップされた港湾施設、中洲名物である川沿いに並ぶ屋台の列、鮮やかに輝くネオンなど、印象的な夜景を堪能できる。福岡タワー、福岡PayPayドーム等の夜景を楽しめる博多湾クルーズ45分1500円〜、14人限定のプレミアムクルーズ30分チャーター3万3000円〜も催行(要予約)。

↑クルーズ船もライトアップされて水上を進む

福岡の街並みを眺める リバークルーズ航路

1 福博であい橋
出航は福博であい橋の天神中央公園乗り場からで、全席自由席。出航10分前までに集合。

5分

2 キャナルシティ博多
まずは上流側に進み、キャナルシティ博多へ。曲線と色彩が目を引くユニークな外観を見学。

15分

3 博多湾
折り返して川沿いの街並みを眺めながら博多湾へ。博多港のシンボル・博多ポートタワーに注目。

10分

4 福博であい橋
博多湾から川を上って福博であい橋に帰港。45分コースなら、福岡タワー近くまで周遊する。

西中洲で憩いと人気グルメのひとときを

水上公園 SHIP'S GARDEN
すいじょうこうえん シップス ガーデン

西中洲先端にある「水上公園」は、洗練された憩いの空間で、
さまざまなイベントにも活用される。休憩がてら注目の店に立ち寄りたい。

⬆心地よい風が吹き抜ける屋上
デッキは誰でも利用できる階段
状の休憩スペース。

川に面した施設で
注目のグルメを満喫

天神地区と博多地区を結ぶ明
治通り沿いに建つ福岡のランド
マークといえる施設。船をイメ
ージした飲食施設には世界的
に注目を集める2店舗が入り、
福岡の街をホットにしている。

MAP 付録P.7 D-3
🏠福岡市中央区西中洲13-1
📞店舗により異なる 🚃地下鉄・中
洲川端駅から徒歩3分 🅿なし

⬆公園の広場から屋上デッキまで
は階段でつながっており、以前にも
増して多くの人で賑わっている

1F 水辺の景色を眺めながら 世界が認める味を堪能

bills 福岡
ビルズ ふくおか

シドニー発のオールデイダイニング
「bills」の西日本エリア1号店。本と
アートに囲まれた開放的な空間で、
リラックスしたひとときを過ごすこ
とができる。

⬆bills福岡限定の明太
子とマスカルポーネのス
パゲティ1600円

☎092-733-2555
🕐月～木曜8:30～21:00 金曜・祝前日は～
22:00、土曜・祝日8:00～22:00、日曜
8:00～21:00(フードLO1時間前、ドリンク
LO30分前) 🈂不定休

⬆明るくておしゃれな店内。オープンキッ
チンからはできたての料理が運ばれる

⬆天気の良い日は20席
あるテラス席が特等席

2F 創作料理が好評の 博多区の人気店が登場

西中洲 星期菜
にしなかす セイケイツァイ

多方面から支持を集める地元実力店。
店内はカジュアルとフォーマルに使
い分けができる。九州を中心とした
食材を使い、広東料理をベースにし
た創作料理が味わえる。

☎092-721-0888
🕐11:30～21:00(LO20:00) 🈂不定休

⬆ランチで一番人気の飲茶ラ
ンチ2400円(平日限定)

⬆⬆飲茶ランチや
一人料理が楽しめ
るフォーマルエリア
(上)。フォーマルな
スペースには個室が
3つ。祝い事、記念
日などさまざまな用
途に利用できる(右)

落ち着いた空間で心癒やされるひととき

中洲・西中洲のバーで夜を楽しむ

中洲ならではの川沿いの夜景や、隠れ家らしい安らぎのあるたたずまい。そして美味な酒と上質な接客が一日の終わりに最高の時間をくれる。

RIVERSIDE CAFÉ DOLPHIN

リバーサイドカフェドルフィン

MAP 付録P.7 E-3

お腹も十分満たされる夜景独り占めの特等席

那珂川の水面に映る中洲の夜景が見渡せる空間。アルコールはもちろんのこと、前菜からデザートまでフードメニューも充実しているので、ここ一軒で大満足できる。

☎092-761-0736
🏠福岡市中央区西中洲4-13 西中洲リバーサイドビル1F ⏰18:00〜翌2:30（日曜、祝日は〜23:30）🈳無休
🚇地下鉄・中洲川端駅から徒歩5分

↑青い海をイメージした爽やかなカクテル・ドルフィン

↑船のキャビンを思わせる入口。接客も素晴らしく女性一人でも安心

↑時間を忘れてしまいそうな幻想的な眺め

美しく並ぶボトルを眺めるのも楽しい。ニッカバー七島

↑席数は33席。気分に合わせたカクテルを相談してもいい

↑甘酸っぱく華やかな口当たりのオリジナルカクテル・乾杯1500円

↑オーナーはこの道60年以上、伝説のバーテンダー七島啓さん

ニッカバー七島
ニッカバー・ななしま

MAP 付録P.7 F-3

老舗なのに気取らず
お酒と会話が楽しめる

創業は昭和33年(1958)、福岡のバー文化をつくってきた店。しかしノーチャージで気軽にお酒が楽しめるとあって、オープンと同時に常連や一人客など多くのゲストで賑わう。

☎092-291-7740
所福岡市博多区中洲4-2-18 水上ビル1F
営18:00~24:00 休月曜
交地下鉄・中洲川端駅から徒歩4分

ネオン街を離れ、落ち着いたたたずまいの個性的人気店へ

地元っ子が集う春吉の隠れ家

華やかな中洲のネオン街から少し離れた春吉には、落ち着いた雰囲気で過ごせる店が点在。
博多っ子もよく訪れるという「穴場」の店で、各店が趣向を凝らした人気の美味を堪能したい。

↑一品ことにアイデアに富んだ小鉢が並ふお通し盛り合わせ1500円〜。お造りは1500円〜

**手間をかけた上質の料理が続々登場
気軽さがうれしい大人の食堂**

予約
望ましい
予算
Ⓓ 5000円〜

食堂ハマカニ
しょくどうハマカニ

MAP 付録P.11 F-2

和食を中心とした創作料理の店。1人前
で7〜8種もあるお通しの盛り合わせ、
昆布〆や炙りなどで食材の持ち味を引
き出した刺身、和テイストの洋食など、
一品ごとに手間をかけた独創的料理が
人気を呼んでいる。

☎092-762-0001
🚉福岡市中央区春吉1-6-13 🕐18:00〜翌1:00
（LO24:00）🈳火曜、月曜不定休
🚇地下鉄・渡辺通駅から徒歩8分 🅿なし

↑打ち放しのコンクリートが特徴的

↑←カウンター
席のほか、ゆった
りできるテーブル
席も用意

新鮮な食感! 豚足のガレット
フレンチを基本に独自の味で

Pissenlit
ピサンリ

MAP 付録P.11 E-1

小体なビストロという雰囲気の店。フレンチベースのオリジナリティあふれる料理が楽しめる。名物は豚足のガレット860円。豚足をとろとろに炊いて骨をはずし、さらに煮詰めて焼き上げる手の込んだ一品だ。

☎092-721-1713
⚐福岡市中央区春吉2-16-12
🕐18:00～24:00(LO22:30)
㊡月曜 🚇地下鉄・渡辺通駅から徒歩8分 Ⓟなし

予約	望ましい
予算	Ⓓ5000円～

↑キッチンが見えるカウンター席があり、調理の様子が楽しめる

↑店は16席とこちんまりした造りながら天井が高いため、開放感がある

➡手前は前菜の盛り合わせ3品900円、5品1200円。季節により内容は変わる。写真中央は豚足のガレット。パンは自家製だ

地元っ子の胃袋を支える「博多の台所」
柳橋連合市場
やなぎばしれんごういちば

福岡の美味に欠かせない新鮮食材が集い、「博多の台所」と呼ばれる活気あふれる市場。ぜひ立ち寄ってみたい魅惑のスポットだ。

新鮮食材が豊富に揃う
美食の街を支える市場

MAP 付録P.11 F-2

☎なし
⚐福岡市中央区春吉1-5-1 🕐店舗により異なる ㊡日曜、祝日 🚇地下鉄・渡辺通駅から徒歩5分 Ⓟなし

大正7年(1918)頃に柳橋で鮮魚商が魚を売り出したのが始まりという、福岡の市場の代名詞的存在。素材の新鮮さは多方面から絶大な信用を得て福岡の各所へ卸されるほか、地域のふれあいを大切にし地元の人にも愛され続ける。

↑多くの商店が軒を連ね、市場らしい雰囲気が楽しめる

↑買い物客と商店主のふれあいも魅力で、観光客も多く訪れる
写真提供:福岡市

市場の食事処で新鮮魚介を味わう

柳橋食堂
やなぎばししょくどう

MAP 付録P.11 F-2

老舗鮮魚店が作る海鮮丼
新鮮さは折り紙付き

博多の台所・柳橋連合市場にある「吉田鮮魚店」が営む、海鮮丼が看板の店。割烹や一流ホテルに納品するプロ御用達の店ならではの新鮮ネタを丼に贅沢に盛り込み、お得感はたっぷりだ。

☎092-761-1811
🕐10:00～15:00 ㊡日曜、祝日
※2023年10月現在休業中

↑80歳を超えても店頭に立つ店主の吉田精一さん。鮮魚店一筋65年以上

↑市場入口からやや奥まったところにある。店頭には惣菜も

➡旬の魚にイクラやウニが贅沢にのったデラックス丼2000円

天神周辺
てんじんしゅうへん

モダンなビルが立ち並ぶ華やかなメインストリートに、レアな個性派の路面店が隠れ家的に見つかる路地裏。九州の最新トレンドを発信し続ける一大ショッピング天国。

アクセス方法

福岡空港	博多駅
◷地下鉄空港線 10分	◷地下鉄空港線 6分
天神駅	

多くの人や車が行き交う渡辺通り

有名ブランドから最先端まで
多彩なトレンドが生まれる街

　九州随一の繁華街として知られる天神。メインストリートの渡辺通りには、福岡三越、大丸などの大規模デパートやファッションビルが立ち並び、最新トレンドを求めて買い物に訪れる人々で賑わう。「天神ビッグバン」の名のもとビルの建て替えも現在進行中だ。天神の西から南に広がる赤坂・薬院周辺は、閑静な街並みの広がるエリア。並木道や路地を歩けば、個性的なショップ、カフェやレストランを見つけられる。さらに赤坂を越えて西へ足をのばせば、福岡城跡に生まれた大濠公園や舞鶴公園など、自然豊かな憩いのスポットが広がっている。

岩田屋本店
いわたやほんてん

地元に根強い人気を誇る福岡生まれの百貨店。多彩な産品が並ぶ地下食品売り場の充実ぶりが評判。おみやげ探しなどで利用したい。

MAP 付録P.13 D-3
所 福岡市中央区天神2-5-35　交 地下鉄・天神駅から徒歩5分　P あり(有料)

福岡三越
ふくおかみつこし

西鉄福岡(天神)駅や天神バスセンターに直結したアクセスの良さが魅力。1階には九州最大級の規模を誇る「ウォッチ&ジュエリー」や地下1階には専門店街「ラシック福岡天神」があり、品揃えが幅広い。

MAP 付録P.13 E-3
所 福岡市中央区天神2-1-1　交 地下鉄・天神駅から徒歩3分　P あり(有料)

大丸福岡天神店
だいまるふくおかてんじんてん

ファッションの品揃えは、センスの良さで女性に人気。定評があるデパ地下のスイーツ、惣菜、生鮮などの充実度も魅力のひとつだ。

MAP 付録P.13 F-3
所 福岡市中央区天神1-4-1　交 地下鉄・天神駅からすぐ　P あり(有料)

福岡PARCO

ふくおかパルコ

ファッション、雑貨、インテリアなど幅広く、人気ショップが出店。

MAP 付録P.13 D-1

所 福岡市中央区天神2-11-1　交 地下鉄・天神駅／西鉄福岡(天神)駅直結　P なし

ソラリアプラザ

最新ファッションや話題のグルメなどが入り、幅広い層から支持を得る。

MAP 付録P.13 D-2

所 福岡市中央区天神2-2-43　交 地下鉄・天神駅からすぐ　P あり(有料)

ソラリアステージ

ファッション・飲食などの専門店街、生活グッズが並ぶ大型雑貨店も出店。

MAP 付録P.13 D-2

所 福岡市中央区天神2-11-3　交 西鉄福岡(天神)駅直結　P なし

イムズ

個性派ショップやこだわり派のレストラン、美容専門店などが充実。2021年8月で閉館。

MAP 付録P.13 E-2

所 福岡市中央区天神1-7-11　交 地下鉄・天神駅から徒歩3分　P あり(有料)

P.61
★長浜鮮魚市場
(福岡市中央卸売市場鮮魚市場)

福岡PARCO　天神駅
ソラリアステージ
ソラリアプラザ
岩田屋本店
福岡三越 ★
大丸福岡天神店 ★

博多ふ頭
中洲川端駅
水鏡天満宮
福岡市役所

大濠公園駅
大濠公園能楽堂
観月橋
★大濠公園 P.59
P.24/P.58 舞鶴公園
P.58/P.71 福岡城跡
★福岡市美術館 P.59
大濠池
気象台
武道館
大濠公園日本庭園
P.59 福岡縣護國神社
福岡市動物園
(南公園)
桜坂駅

中央区役所
赤坂駅
昭和通り
明治通り
那の津通り
地下鉄空港線
赤坂けやき通り
国体道路
202
大正通り
警固公園
西鉄天神大牟田線
渡辺通駅
薬院駅
薬院大通駅
地下鉄七隈線
西鉄平尾駅

天神周辺

買い物の合間に公園でひと休み

大濠公園周辺

おおほりこうえんしゅうへん

MAP 付録P.4

繁華街・天神の西に広がる憩いのスポット。静けさ漂う護国神社、福岡城跡に広がる大濠公園はのんびりするのにうってつけ。歴史散策も楽しめる。

↑大濠公園は水と緑のオアシス

個性的なお店を探して散策

赤坂・薬院周辺

あかさか・やくいんしゅうへん

MAP 付録P.4

ケヤキ並木の美しい赤坂けやき通りが続く閑静な住宅街。路地などに個性派・こだわり派のショップやカフェ、レストランが点在し、お店探しが楽しい。

↑赤坂けやき通り　写真提供:福岡市

昼も夜も賑やかな繁華街

天神・大名周辺

てんじん・だいみょうしゅうへん

MAP 付録P.12

渡辺通りにデパートやファッションビルが立ち並ぶ一大ショッピング街の天神。夜は屋台が賑やかだ。大名の雑居ビルには多くの飲食店が入っている。

↑大規模商業施設が立ち並ぶ渡辺通り

街歩きやショッピングの合間に、美味を堪能

天神でいただく上質なランチ

たくさんの店が並ぶ天神だが、案外、昼どきにきちんとした食事をとれる店は見つからないもの。
界隈の飲食店から、充実したランチを用意する店を厳選。街歩きの疲れをゆっくりと癒やしたい。

情緒あふれる日本家屋で
香り高いそばを堪能

手打ち蕎麦 やぶ金

てうちそば やぶきん

MAP 付録P.12 B-3

登録有形文化財の「松楠居(しょうなんきょ)」で営業。昭和25年(1950)の創業以来、伝統的なそばづくりに励む名店。熊本県久木野産、鹿児島県国分・霧島など九州産を中心としたそば粉で打つそばは、関東風のキリッとしただしとよく合う。

☎092-761-0207
🏠福岡市中央区大名2-1-16
🕐11:30〜15:00(LO14:30)
17:00〜22:00(LO21:00) ※売り切れ次第終了
😴火曜の夜・水曜 🚃地下鉄・天神駅から徒歩10分 🅿なし

⬆「松楠居」は昭和11年(1936)築の建物

⬆2010年に現在地に移転。中庭も望める

予約	可
予算	⒧⒟1000円〜

エビ2尾と野菜4種を盛り合わせた天せいろ2090円

歩く・観る●天神周辺

そば粉の風味豊かな
本場仕込みのガレット

Le BRETON
ルブルトン
MAP 付録P.10 C-1

予約	可
予算	Ⓛ630円〜
	Ⓓ1260円〜

福岡では珍しいガレットとクレープの専門店。シェフ・クレーピエの溝口寛氏が作るガレットは、発祥の地であるフランス・ブルターニュ地方で学んだもの。パティスリーでの修業経験もあり、フランス菓子やケーキもおすすめ。

☎092-716-9233
🏠福岡市中央区今泉2-1-65 ⏰11:00〜20:00（LO19:00）🈺水曜、月1回休（火曜または木曜）🚇地下鉄／西鉄・薬院駅から徒歩7分 🅿なし

↑マンションが立ち並ぶ住宅街の細い路地にある

↑フランス菓子とパンコーナーも充実している

↑奥行きがある店内は、意外に広く感じる

↑ガレットランチ1050円。15時までお得な値段で食べられる

辛さのなかに旨みが生きる
四川料理の本格派

三鼎
さんてい
MAP 付録P.6 C-2

中国の有名ホテルで経験を積んだ料理長が腕をふるう中国料理店。花椒の「麻味」と唐辛子の「辣味」からなる2つの辛さを使い分けている。ランチは看板メニューの麻婆豆腐が選べる定食のほか、担々麺や湯麺などの麺料理も充実。

☎092-731-1180
🏠福岡市中央区天神4-5-13天神豊ビル1F ⏰11:30〜14:30(LO)17:30〜22:00(LO21:30) 🈺日曜 🚇地下鉄・天神駅から徒歩5分 🅿なし

↑主菜が2種から選べるボリューム満点の週替わりランチ990円

↓天神の中心部から外れた北天神エリアでも評判の人気店

↓シンプルな造りの店内。10名まで利用できる個室もある

予約	夜、土曜、祝日の昼のみ可
予算	Ⓛ890円〜
	Ⓓ5000円〜

A small is beautiful
スモール イズ ビューティフル
MAP 付録 P.10A-1

小さくてかわいいグッズに魅了される

ヨーロッパの作家が手作りした一点もののぬいぐるみやペンダント、履くのが楽しい靴下、POPでかわいいお皿など、店名どおりに小さくて素敵な品がずらり。プレゼントに最適。

☎050-3340-6049
所福岡市中央区大名1-8-25杉の宮ビル1F 営12:00〜20:00 休不定休 交地下鉄・赤坂駅から徒歩5分 Pなし

A ペンダント
グリム童話をモチーフにしたペンダント。1万584円

A ニット人形「キリル」
スコットランド作家が作る一点もの。ユーモラスな表情が人気。1万4904円

A スカイプランター 鉢付き
天井からぶら下げるタイプのプランター。葉は上に向かって伸びる。2808円〜

A ソックス
ノラ&ベラのソックスなら男性用もきれいな色使い。2160〜2376円

遊び心あふれるおしゃれ小物たち

かわいい雑貨を探しに

各店のこだわりで魅力的なアイテムを集めたショップばかり。自分用にも楽しく、大切な人への贈り物にもぴったり。

B オッのコンボ
家族の数より1つ多く飾ることで、1つ余計に幸福がやってくるといわれている。各440円

B こらんしょ猫
「こらんしょ」は福島弁でどうぞ、こちらにおいでくださいという意味。各1870円

B 山響屋
やまびこや
MAP 付録 P.10 C-1

九州の郷土玩具と民芸品が勢揃い

九州を中心に各土地の歴史や風土、生活などから生まれた郷土玩具と民芸品を販売。店頭に並ぶ多彩な商品は、店主自らの足で生産者のもとを訪れ手に入れたものばかり。

☎092-753-9402
所福岡市中央区今泉3・2・1-55やまさコーポ101 営11:00〜18:00 休木曜 交地下鉄・天神駅から徒歩11分 Pあり（提携駐車場）

D 籠
日本人デザイナーが企画しモロッコで製作された使い勝手のいい籠。3サイズあり。4320円〜

E 博多曲物
職人がひとつひとつていねいに仕上げるお弁当箱。軽くて長持ちする。（小）8250円、（大）9900円、（丸）7700円

B アホな犬
「コヨリ」という名には1コより2コ、2コより3コ...と並べて飾ってほしいという思いが。1540円

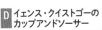

C B･B･B POTTERS ロゴトートバッグ

お店のロゴがデザインされた、クールなトートバッグ。左はブルー、右はナチュラル各1650円

D イェンス・クイストゴーのカップアンドソーサー

デンマークを代表する工業デザイナーのヴィンテージアイテム。6480円～

C 小石原ポタリー

小石原焼の伝統技に新感覚を吹き込んだ「小石原ポタリー」。左は片口水差6600円、右は片口すり鉢4180円

D クロス

王室でも使われているスウェーデンの伝統的な織物。右からティーマット2592円、キッチンクロス2916円、テーブルクロス5400円

C 花染めタオル

植物染料使用で肌にやさしく、やわらかいガーゼタオル。2310～5500円

E 平茶碗

波佐見焼・白山陶器の定番商品のひとつ。絵柄やカラーバリエーション豊富。各3300円

E 小石原ポタリー カップ

小石原の窯元とフードコーディネーター・長尾智子さんとのコラボ器。各1870円

E STANDARD SUPPLY DAILY DAYPACK

クリーンなデザインで人気のブランドによるリュック。男女問わずさまざまな場面で使える。各1万9800円

F TEMBEA バゲットトート

定番の人気アイテム。キャンバス地なので丈夫で、使うほどにやわらかな質感に。（S）1万3200円、（M）1万4300円

C B･B･B POTTERS

スリービー ポッターズ

MAP 付録P.10 C-2

心豊かな暮らしを支える道具たち

「日々の暮らしを楽しむ道具」をコンセプトに、シンプル・機能的で使い心地のよい品を揃える。調理器具から器、インテリア、ウェア、バスグッズまで豊富なラインナップが魅力。

☎092-739-2080
所福岡市中央区薬院1-8-8 1-2F
時11:00～19:00
休不定休
交地下鉄・薬院大通駅から徒歩3分
Pあり

D TRAM

トラム

MAP 付録P.10 C-2

北欧と日本の上質なアイテムを

店主が現地で買い付ける北欧のヴィンテージ陶器、ガラス、木製品などや、日本の良質で機能的なアイテムが揃う。オリジナルデザインのワンピース2万1600円など衣類も好評。

☎092-713-0630
所福岡市中央区薬院1-6-16 百田ビル202
時12:00～19:00
休水・木曜
交地下鉄／西鉄・薬院駅から徒歩5分
Pなし

E LT LOTTO AND TRES

エルティ ロット アンド トゥレス

MAP 付録P.13 D-2

長く使いたくなるモノに出会う

時代に左右されることなく長く愛され、デザイン、機能、品質に優れたものを提案。約330㎡の売り場に並ぶウェアや家具、キッチン用品などは、きっと暮らしを豊かにしてくれる。

☎092-736-7007
所福岡市中央区天神2-10-3 VIORO 6F
時10:00～20:00
休施設に準ずる
交地下鉄・天神駅からすぐ
Pあり（提携駐車場）

写真提供：福岡市

裏路地ものぞきながらのんびり散策

赤坂けやき通りの素敵なお店へ

国体道路の警固四つ角から赤坂3丁目交差点まで、美しいケヤキ並木が続く通称「赤坂けやき通り」。 **MAP** 付録P.4 B-3
瀟洒な街並みのそこかしこで、ここにしかない逸品が待つ。

深煎りのネルドリップで
日本の喫茶文化を味わう

珈琲美美

こーひーびみ
MAP 付録P.4 B-3　　 ［ コーヒー ］

昭和52年(1977)創業の自家焙煎コーヒー店。日本の喫茶店文化が育んできたネルドリップの名店としてコーヒー通の間で広く知られている。コーヒー豆は世界から選りすぐったものを半直火半熱風式5kg焙煎機でロースト。ていねいに抽出した一杯は馥郁とした香味に満ちている。コーヒーを淹れる様子をカウンター越しにのんびり眺めるのも贅沢な時間の過ごし方だ。

☎092-713-6024
㊟福岡市中央区赤坂2-6-27
🕐販売11:00〜18:30
　喫茶12:00〜18:00(LO17:00)
🈳販売 月曜、第1火曜
　喫茶 月・火曜
🚃地下鉄・赤坂駅から徒歩15分
Ｐなし

1. 和とエチオピアの調度品が心地よく同居する店内には、クラシック音楽が流れている　2. 後ろは城跡、前は神社。喫茶室は緑豊かなロケーションに包まれた2階　3. 店の看板メニューのブレンド、中味(600円)とフルーツケーキ(400円)は好相性

オーナーが厳選したアンティークや
オリジナルバッグが揃う

UNTIDY

アンタイディー
MAP 付録P.10 A-2　　 ［ 雑貨 ］

バッグや服、器、海外の古道具を販売するアンティークショップ。ビニール素材に革やヨーロッパの布をあしらったバッグはオーナー大塚淳子さんの手作りの品。軽くて丈夫、濡れてもOKというスグレものでファンも多い。

☎092-716-2424
㊟福岡市中央区警固2-11-10 高橋ビル201
🕐12:00〜17:00　🈳火・水曜
🚃地下鉄・赤坂駅から徒歩9分　Ｐなし

1. マンションの一室にある工房兼店舗　2. オリジナルバッグは布8640円〜、革1万800円〜　3. フランスのプジョー社が半世紀以上前に作った鉄製コーヒーミル3万240円

本格的な味を気軽に
楽しめるフレンチビストロ

Bistrot la paulee

ビストロ ラ ポーレ

MAP 付録P.10 A-1 | ビストロ

手軽に楽しめるランチからしっかり味わいたいディナー、気軽に楽しめるアラカルトまで、幅広く利用できるフレンチビストロ。地元糸島の野菜や福岡近海の鮮魚を使っているなど素材にはこだわりを持ち、ワインの品揃えも豊富。

☎092-732-3546
所福岡市中央区警固1-12-1 ヴィラージュけやき通り1F 営11:30～15:00(LO14:30) 17:30～23:00(LO22:00) 休水曜 交地下鉄・赤坂駅から徒歩10分 Pなし

1.ランチに付く「大地のサラダ」は10種類以上の野菜を使ってボリューム満点 2.店内は明るくゆったりとしたスペース。子ども連れも大歓迎

厳選された本がぎっしり
自費出版物や福岡関連本も充実

ブックスキューブリック

MAP 付録P.4 B-3 | 書籍

本好きの間で評判の店。広さ15坪ほどの店内には厳選された幅広いジャンルの本がぎっしり並ぶ。棚を眺めているうちに、今まで知らなかった本と新たに出会えるのがうれしい。古書市などのイベントも積極的に行う。

☎092-711-1180
所福岡市中央区赤坂2-1-121F 営11:00～19:00 休月曜(祝日の場合は営業) 交地下鉄・赤坂駅から徒歩10分 Pなし

1.木の床や照明の照度にこだわった店内は居心地いい。福岡関連の本も充実 2.2001年に開業。地元出身作家や流通に乗らない自費出版物なども積極的に取り扱う 3.本屋は街の文化インフラという代表の大井実氏

赤坂けやき通りの素敵なお店へ

シンプルで魅力的な道具に注目

福岡生活道具店

ふくおかせいかつどうぐてん

プロダクトデザイナーのスタッフらで切り盛りし、デザイン性やブランド名にこだわらず、低価格で使いやすい「生活道具」を揃える。文房具、キッチンツール、キャンプ道具、絣エプロンなど、九州で作られているものばかり。

MAP 付録P.10 B-3
☎092-688-8213 所福岡市中央区薬院4-8-30 P&R薬院ビル2F 営10:00～18:00 休不定休 交地下鉄・薬院大通駅から徒歩1分 Pなし

1.博多商人(福岡のビジネスマン)が使いたくなる品を厳選 2.久留米絣のストール1万3200円

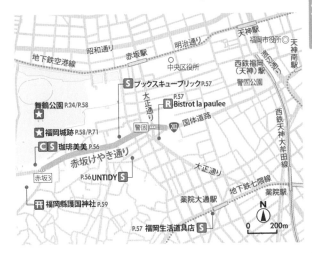

57

福岡の歴史・文化に親しむ水と緑のオアシス
大濠公園
おおほりこうえん

→大濠公園には池を縦断するように小島を結ぶ橋が架けられ、途中に朱色が映える浮見堂がある

天神の賑やかな街を歩いたあとは、水と緑の大濠公園で憩いの時間を。城下町時代の歴史にもふれたい。

福岡城跡に広がる街なかのオアシス
歴史や文化を知り、自然を楽しむ

　繁華街・天神エリアの西に広がる自然豊かなスポット。黒田長政が築城した福岡城のあった場所に、巨大な池を配した大濠公園と舞鶴公園が隣接して広がる。天神から地下鉄で4分、歩いても30分ほどでたどり着く福岡の憩いのオアシスだ。池の周りの遊歩道を散策したり、福岡城の遺構や古代の迎賓館・鴻臚館などの歴史スポット、日本庭園などを巡って過ごしたい。

START&GOAL　大濠公園駅

1 舞鶴公園
まいづるこうえん
MAP 付録P.4 B-3

季節の花に彩られる史跡公園

福岡城跡にある公園。城の遺構が残り、スポーツ施設や芝生広場が広がりのんびりできる。桜やボタン、シャクヤクなど四季の花が咲く。

☎092-781-2153　所福岡市中央区城内1
開休料入園自由　交地下鉄・大濠公園駅から徒歩8分　P167台(有料)

公園内の歴史施設に注目

写真提供:福岡市

鴻臚館跡展示館 →P.68
こうろかんあとてんじかん

飛鳥・奈良時代から平安時代にかけて外国からの要人をもてなした迎賓館。発掘された遺構を建物で覆い公開、出土品も展示。

2 福岡城跡
ふくおかじょうあと
MAP 付録P.4 B-3

往時の石垣や櫓などが残る

黒田長政により慶長12年(1607)に完成。天守台から市内を一望できる。ストリートミュージアム®アプリで、江戸時代当時の城の様子を再現CGで見られる。

☎092-711-4784(福岡市史跡整備活用課)
所福岡市中央区城内　開休料入園自由
交地下鉄・大濠公園駅から徒歩8分
P舞鶴公園駐車場利用

↑江戸時代から現存している多聞櫓

↑天守台へは階段で上り、上部から市内を一望できる

↑右側の建物が(伝)潮見櫓。本来の潮見櫓は復元準備中

↑園内随所に桜(上)が植えられた花の名所。シャクヤク園(下)もある

立ち寄りスポット

福岡市美術館
ふくおかしびじゅつかん

MAP 付録P.4A-3

九州出身の画家の作品、旧福岡藩主黒田家の美術品など、約1万6000点のコレクションを有する。建築家・前川國男氏により設計された、赤レンガ色の建物が、大濠公園の自然と見事に調和している。

☎092-714-6051 ㊟福岡市中央区大濠公園1-6 ㉗9:30～17:30、7～10月の金・土曜9:30～20:00(入館は閉館の各30分前まで) ㊡月曜(祝日の場合は翌平日) ㊟地下鉄・大濠公園駅から徒歩10分 ㉟26台(有料)

❷2階の屋外広場エスプラナードには、草間彌生の『南瓜』を展示 写真撮影:株式会社エスエス上田新一郎

❶開放的なガラス張りのカフェは、美術鑑賞や公園散策の休憩にぴったり

散策ルート

大濠公園駅
おおほりこうえんえき

⬇ 大手門交差点側へ進み、舞鶴公園へ　徒歩8分

1 舞鶴公園
まいづるこうえん

⬇ 季節の花々などを楽しみながら、公園内を進む　徒歩6分

2 福岡城跡
ふくおかじょうあと

⬇ 公園南側から赤坂けやき通りを挟んだ向かい側へ　徒歩7分

3 福岡縣護国神社
ふくおかけんごくじんじゃ

⬇ 再び赤坂けやき通りを渡り、大濠公園へ　徒歩5分

4 大濠公園
おおほりこうえん

⬇ 水辺を散策したら、池に架かる橋を渡ろう　徒歩3分

大濠公園駅
おおほりこうえん

---

③ 福岡縣護国神社
ふくおかけんごくじんじゃ

MAP 付録P.4A-3

静けさ漂う森の社

昭和18年(1943)創建、境内には高さ13mの原木の大鳥居が立ち、豊かな森に囲まれている。参道では年に数回、雑貨やアンティークが並ぶ蚤の市が開かれる。

☎092-741-2555 ㊟福岡市中央区六本松1-1-1 ㉗㊡境内自由 ㊟地下鉄・大濠公園駅から徒歩15分 ㉟273台(有料)

❶参道では年に数回、雑貨やアンティークが並ぶ蚤の市が開かれる

---

④ 大濠公園
おおほりこうえん

MAP 付録P.4A-3

街の中心部にある憩いの場

福岡城の外堀を利用し造られた公園。園内の約半分を池が占め、畔に一周約2kmの遊歩道を整備。カフェや飲食店の入るボートハウス、日本庭園もある。

☎092-741-2004 ㊟福岡市大濠公園 ㉗㊡入園自由 ㊟地下鉄・大濠公園駅から徒歩3分 ㉟103台(有料)

公園内の日本庭園に注目

大濠公園日本庭園
おおほりこうえんにほんていえん

公園の南に造られた、回遊式の日本庭園。多彩な植栽で四季を楽しめる。

☎092-741-8377 ㉗9:00～17:00(5～9月は～18:00、入園は各15分前まで) ㊡月曜(祝日の場合は翌日) ㉟250円

❶ボートハウスには、眺めの良いおしゃれなカフェ&レストランもある

❶池でボートに乗ったり、水辺をのんびり散策するのもいい

グルメスポット

Royal Garden Cafe 大濠公園
ロイヤル ガーデン カフェ おおほりこうえん

MAP 付録P.4A-2

新鮮な食材を生かした料理と、開放的なガラス張りの店内から眺める公園の景色が一緒に楽しめる。隣にはショップを併設している。

☎092-406-4271 ㊟福岡市中央区大濠公園1-3 ボートハウス大濠パーク1F ㉗11:00(土・日曜、祝日9:00)～21:00(秋・冬期は～20:30、L.O.各30分前) ㊡無休 ㊟地下鉄・大濠公園駅から徒歩5分 ㉟大濠公園駐車場利用(有料)

❶ハンバーグランチ(スープ、サラダ、ライス、ドリンク付き)1848円

❶池に面したテラス席

ベイエリア
潮風が心地よいシティリゾート

繁華街の天神にほど近い、湾岸に広がる海辺のリゾート。カップルにぴったりのおしゃれなカフェやレストラン、眺望抜群のレジャースポットで海辺の街の魅力を再発見。

アクセス方法

福岡空港	博多駅	天神
◆西鉄バス 139番 45分	◆西鉄バス 306・312番 25分	◆西鉄バス W1・302番 20分
福岡タワー（TNC放送会館）または福岡タワー南口		

歩く・観る●ベイエリア

百道浜には福岡タワーや福岡PayPayドームなど楽しい施設がたくさん

楽しみ方それぞれの湾岸大型施設
対岸は海と花、緑のレジャー地

　博多湾を取り囲むようにして、バラエティ豊富なリゾート施設が集まっている。海岸沿いには、温泉や鮮魚市場のあるベイサイドプレイス博多、おしゃれな飲食店が並ぶシーサイドももち、アウトレットモールのマリノアシティ福岡などの大型施設が海辺を華々しく飾る。福岡タワーなど、ロマンティックな海辺風景を楽しめる展望スポットも点在している。博多湾を挟んだ対岸の海の中道や能古島は、市街地から気軽に行けるレジャースポット。海の眺望と自然、豊富なレジャー施設が揃った、地元の人たちにも人気の憩いの場所だ。

レジャーの島や花の楽園へ
船で海の中道、志賀島と能古島に向かう。
うみ　なかみち　しかのしま　のこのしま

博多湾を渡って

福岡市営渡船
ふくおかしえいとせん

博多・志賀島航路は博多ふ頭第1ターミナルから西戸崎を経由し志賀島へ（西戸崎まで所要15分、志賀島まで所要30分）。姪浜・能古島航路は姪浜旅客待合所から能古島へ（所要10分）。

MAP 付録P.4 C-1（博多ふ頭）
☎092-291-1085
（福岡市港湾空港局総務部客船事務所）
営博多・志賀島航路1日15便運航（平日の博多発第1便は志賀島直行）、姪浜・能古航路1日23便運航（日曜、祝日は21便）　休無休
料博多～西戸崎片道450円（～志賀島は680円）、姪浜～能古片道230円

うみなかライン

博多ふ頭、またはシーサイドももち海浜公園内のマリゾンから、博多湾を北上し海の中道（マリンワールド）へ向かう。所要はどちらも20分。

MAP 付録P.4 C-1（博多ふ頭）
MAP 付録P.3 E-3（シーサイドももち海浜公園）
☎092-845-1405（ももち（マリゾン）券売所）
☎092-603-1565（海の中道待合所）
営ももち・海の中道航路、博多ふ頭・海の中道航路それぞれ1日4～12便運航（季節、曜日により異なる）
休無休　料片道1100円

中心部からほど近いレジャー地

海の中道・志賀島

うみのなかみち・しかのしま
MAP 付録P.3

海の中道は博多湾と玄界灘を隔てて延びる砂州で海浜公園や水族館のあるレジャースポット。さらに陸続きに、金印発見地として知られる志賀島がある。

↑福岡市街地から電車や船で気軽に行ける

花畑と海の絶景に浸る

能古島

のこのしま
MAP 付録P.3 D-2

博多湾に浮かぶ島には、菜の花やヒマワリ、コスモスなどが咲き誇る「のこのしまアイランドパーク」が広がる。ベイエリアからフェリーで約10分で着く。

↑秋にはコスモスの花が咲き乱れる

華やかなウォーターフロント

ベイエリア

MAP 付録P.3

博多湾に面しておしゃれなリゾート施設が点在。海を眺めながら買い物や食事が楽しめる。福岡タワーや大観覧車からの眺望がリゾート気分を盛り上げる。

↑船が行き交う博多ふ頭も施設が充実

シーサイドももち海浜公園

シーサイドももちかいひんこうえん

博多湾に面したリゾート感あふれるビーチパーク。パーク内にはおしゃれなカフェやレストランが入った「マリゾン」などがある。

MAP 付録P.3 E-3

所福岡市早良区百道浜 交博多バスターミナルから西鉄バス・306/312番で25分、福岡タワー南口下車すぐ Pあり(有料)

ベイサイドプレイス博多

ベイサイドプレイスはかた

旅客ターミナルに隣接する商業施設。海鮮丼・寿司が人気の店や日帰り温泉、円柱型大水槽にストリートピアノなど多彩に楽しめる。

MAP 付録P.4 C-1

所福岡市博多区築港本町13-6 交博多駅から西鉄バス・99番で17分、博多ふ頭下車すぐ Pあり(有料)

マリノアシティ福岡

マリノアシティふくおか

福岡市内唯一のアウトレットモール。人気ファッションブランドやインテリア雑貨などが揃う。目印の大観覧車は夜景も魅力的だ。

MAP 付録P.3 D-3

所福岡市西区小戸2-12-30 交博多駅から西鉄バス・333番で40分、マリノアシティ福岡下車すぐ Pあり(有料)

長浜鮮魚市場
（福岡市中央卸売市場鮮魚市場）

ながはませんぎょいちば
（ふくおかしちゅうおうおろしうりしじょうせんぎょいちじょう）

九州や西日本各地から新鮮な魚介類が集まる全国でも屈指の鮮魚市場。市場会館の1階には新鮮な魚介が食べられる飲食店がある。

MAP 付録P.6 A-2

所福岡市中央区長浜3-11-3 交地下鉄・赤坂駅から徒歩12分 Pあり(有料)

写真提供:福岡市

61

街と海を眺めるランドマークの展望スポット

ベイエリア上空から街を見晴らす

湾岸部に建つタワーや観覧車は大都市の街並みを一望する絶好のポイント。
そのロマンティックな眺めを満喫したい。

大都市ならではのロマンティックな夕景に思わずうっとり

シーサイドももち内

福岡タワー
ふくおかタワー

MAP 付録P.3 E-3

**海浜タワーでは日本一の高さ
スタイリッシュな展望塔**

高さ234mの近未来風タワー。地上123mの展望室から、玄界灘や福岡市街など360度のパノラマを楽しめる。1階展望室は福岡で初の恋人の聖地に。カップル向けの演出が用意されている。展望レストランもある。

☎092-823-0234
🏠福岡市早良区百道浜2-3-26
🕐9:30〜21:30
🈺6月不定休(2日間)
💴展望室800円
🚃博多バスターミナルから西鉄バス・306/312番で25分、福岡タワー南口下車すぐ Ｐあり(有料)※2時間300円、1日最大1000円(特別日は3000円)

↑地上120mにあるスカイラウンジ

↪約8000枚のハーフミラーで覆われた、きらきら輝くモダンな外観

先端
地上234m

展望室
地上123m

クリスマスなど、季節ごとのライトアップも楽しみ

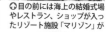
↑目の前には海上の結婚式場やレストラン、ショップが入ったリゾート施設「マリゾン」が

↑1階展望室には、誓いのフェンスにかけて「永遠に愛をロックする」というハート形南京錠、愛鍵(1000円)を用意

ベイサイドプレイス博多付近

博多ポートタワー

はかたポートタワー

MAP 付録 P.4 C-1

長年愛される港のシンボル
無料でパノラマ風景を楽しむ

博多ふ頭にあり、展望室からは博多湾に行き交う船や島々、海の中道などの風景を間近に楽しめる。展望室の上階は、港を航行する船のための無線局。

☎092-291-0573　所福岡市博多区築港本町14-1　⏰10:00～17:00(入場は～16:40)　休水曜(水曜が祝日の場合は翌平日)　料無料　交博多駅から西鉄バス・99番で20分、博多ふ頭下車すぐ　P なし

**先端
地上100m**

**展望室
地上70m**

夜はタワーがライトアップされ、港の風景がより魅力的に

↑完成は50年以上前の昭和39年(1964)

マリノアシティ福岡内

観覧車スカイホイール

かんらんしゃスカイホイール

MAP 付録 P.3 D-3

ショッピングの合間に
12分間の空中散歩で眺望満喫

マリノアに付属する海辺の観覧車。36台の4人乗りゴンドラが、一周約12分でゆっくりと回り、さまざまな角度や高さから港町・福岡の風景を楽しめる。2台は車いす利用が可能。買い物中のひと休みに人気のスポット。

☎092-891-5592　所福岡市西区小戸2-12-30　マリノアシティ福岡マリナサイド北棟2F　⏰10:00～21:00　休無休　料500円、1ゴンドラ(4名まで)1000円　交博多駅から西鉄バス・333番で40分、マリノアシティ福岡下車すぐ　P あり(5時間まで無料、土・日曜、祝日、特定日は2時間まで無料、以降有料)

**高さ
約60m**

↑誕生月には2周できるサービスあり(要証明書)

立ち寄りランドマーク

福岡 PayPay ドーム

ふくおか ペイペイドーム

福岡ソフトバンクホークスの本拠地。試合の日以外でも、ガイド案内のもと、フィールドに立ったり選手が座るベンチで記念撮影ができるドームツアーを楽しめる。

MAP 付録 P.3 E-3

☎092-844-1189　所福岡市中央区地行浜2-2-2　開休料施設・イベントにより異なる(公式HPで要確認)　交博多駅から西鉄バス・305/306番で26分、九州医療センター下車すぐ　P あり(イベントにより料金は異なる)

↑ホークスファンでなくても楽しめる施設

↑エンタメ施設、BOSS E・ZO FUKUOKAが隣接

©SoftBank HAWKS

↑マリノアシティ福岡でひときわ目を引くランドマークから、福岡市街や海の眺望を楽しもう

ベイエリア上空から街を見晴らす

春はネモフィラ、秋はコスモスと
季節ごとに違った風景が広がる

アクセス方法

博多ふ頭	
うみなかライン20分	市営渡船15分
海の中道	西戸崎

●電車で行くなら
博多駅からJR鹿児島本線と香椎線（香椎駅
で乗り換え）で海ノ中道駅まで35分

島と本土をつなぐ砂州のレジャーエリア

海の中道で遊ぶ
うみのなかみち

東西約6kmにわたって広がる巨大な砂州が海の中道。
自然や遊び施設が満載の公園でレジャーを満喫できる。

海の中道海浜公園
うみのなかみちかいひんこうえん

MAP 付録P.3 E-2

**施設が充実したレジャー公園
移動はレンタサイクルが便利**

約350万㎡の広大な園内には、花畑や
緑、芝生広場など自然がいっぱい。巨大
トランポリンなどの遊具施設やアスレチッ
ク、動物とのふれあいが楽しめる動物園、
スライダー付きのプールやバーベキュー
などで多彩に過ごせる。

☎092-603-1111 所福岡市東区西戸崎18-
25 開9:30～17:30(11～2月は～17:00、入
園は各1時間前まで)※夏期のプール営業日は
異なる 休2月第1月曜とその翌日
料450円 交海の中道乗船場から徒歩5分／
JR海ノ中道駅からすぐ Pあり(有料)

↑12月は夜間限定イベントを実施。1万本の
キャンドルが描くアートが楽しめる「うみな
かキャンドルナイト」は必見

海の生き物と出会う

マリンワールド海の中道
マリンワールドうみのなかみち

展示方法にこだわり、リゾートの
ような大人も楽しめる空間に。海
の生き物とのふれあい体験も充実
している。

MAP 付録P.3 E-2

☎092-603-0400 所福岡市東区西戸崎
18-28 営9:30～17:30(季節により異な
る) 休2月第1月曜とその翌日
料一般2500円 交JR海ノ中道駅から徒
歩5分 P400台(530円)

足をのばして

志賀島 しかのしま

海の中道を経由して陸続きで行け
る自然あふれる島。古代の金印
が見つかったとされる場所で、発
見地が公園として整備されている。

MAP 付録P.3 D-1

交JR西戸崎駅から西鉄バス・
志賀島行きで9分／博多ふ
頭から福岡市営渡船で30分

↑金印公園は2018年に全面
リニューアルオープン

↑動物の森の「リス
ザルの島」。ふれあい
動物舎ではモルモッ
トを抱っこできる
↓ユニークな6つ
のプールが集まる、
夏期限定の「サン
シャインプール」

周囲の緑に、青い海、黄色の花々が鮮やかなコントラストを見せる

ヒマワリ　夏
見頃は7月中旬〜8月中旬頃。ブーゲンビリアやケイトウも花盛り

四季折々の花が彩る博多湾の楽園

能古島へ渡る
のこのしま

福岡市内から船で10分で行ける近場のリゾートアイランド。
カラフルな花畑と青い海を眺めて一日のんびり過ごしたい。

アクセス方法

姪浜駅北口
↓西鉄バス98番 15分
能古渡船場バス停
↓市営渡船 10分
能古島

↑船で10分で、のどかな能古島船着き場に到着

のこのしま アイランドパーク

MAP 付録P.3 D-2

四季を通して花が咲き乱れる
大人向けのレジャー施設も揃う

園内随所に花が咲き乱れる自然豊かな公園。子どもに人気の遊具やミニ動物園、バーベキューハウスのほか、宿泊施設やレストラン、運動場などレジャー施設がひととおり揃っている。陶芸や絵付け体験、古民家の売店や駄菓子屋など大人も楽しめる施設も豊富だ。

☎092-881-2494　所福岡市西区能古島
時9:00〜17:30(日曜、祝日は〜18:30)
休無休　料1200円　交能古渡船場から西鉄バス・アイランドパーク行きで13分、終点下車すぐ　P能古乗船場駐車場利用(有料)

菜の花　春
3月上旬頃から咲き始め、ポピーや桜、ツツジと春の花が続く

コスモス　秋
開花期の10月上旬〜11月中旬頃には、多くの観光客が訪れる

↑風情ある家屋が立ち並び、博多の古い街並みが再現された「思ひ出通り」もいい

↑緑豊かな園内をのんびり散策して過ごすのもいい

水仙　冬
12月下旬〜2月中旬に白と黄色の日本水仙が斜面を埋め尽くす

おみやげはここで

のこの市 のこのいち

船着き場近くにある産直市場。野菜や果物、特産の甘夏を使ったマーマレード、ワインや能古うどんのほか、のこバーガーを味わえる。

MAP 付録P.3 D-2
☎092-881-2013(能古島案内所)
所福岡市西区能古457-16
時8:30〜17:30
12〜2月9:00〜17:00　休無休
交能古乗船場からすぐ　Pなし

65

美術館&博物館 芸術と文化にふれる大人な福岡旅へ

ミュージアムめぐりで知的な一日

中国や朝鮮半島など、古くから大陸と交流を結んでいた国際都市・福岡。長い交流史を物語る歴史文物や建築、芸術品など、多国籍な文化を感じとれる博物館や美術館を訪れたい。

福岡市博物館
ふくおかしはくぶつかん

福岡とアジアの交流史
国宝・金印の実物を展示

古くから大陸との交流が盛んだった福岡ならではの歴史や民俗を紹介する。最大の見どころは、志賀島で発見された国宝・金印。民謡『黒田節』に歌われた名鎗「日本号」や博多祇園山笠関連の展示も行う。ユニークな金印グッズを販売するショップもある。

ベイエリア **MAP** 付録P.3 E-3

☎092-845-5011　📍福岡市早良区百道浜3-1-1　🕐9:30～17:30(最終入館17:00)　🚫月曜(祝日の場合は翌日)※夏期は開館時間、休館日に変更あり　💴常設展200円(特別展は別料金)　🚃博多バスターミナルから西鉄バス・306/312番で25分、博物館北口下車、徒歩5分　🅿250台

⬆建物正面に池を配した美しいたたずまい。屋外に彫刻も展示

⬆⬆中国(後漢)が奴国に贈ったとされる国宝・金印。「漢委奴国王」の文字が見られる。一辺2.3cm

⬆黒田家の家臣・母里太兵衛が酒豪ぶりを発揮して福島正則との賭けに勝ち、手に入れたという名鎗「日本号」

福岡市赤煉瓦文化館
ふくおかしあかれんがぶんかかん

街なかでひときわ映える
クラシックなレンガ建築

明治42年(1909)に竣工した旧日本生命九州支店。東京駅で知られる辰野金吾らが設計した英国様式の建物。近年、優雅な内装が復元された。

天神周辺 **MAP** 付録P.7 D-2

☎092-722-4666　📍福岡市中央区天神1-15-30　🕐9:00～22:00　🚫毎月最終月曜(祝日の場合は翌日)　💴無料　🚃地下鉄・天神駅から徒歩7分　🅿なし

⬇天神の市街地に建つ。国の重要文化財

「博多町家」ふるさと館
「はかたまちや」ふるさとかん

伝統文化が息づく博多の
歴史や暮らしにふれられる

明治中期の町家を移築復元した「町家棟」では博多織の実演見学や体験、「展示棟」では博多伝統工芸(博多人形、博多張子、博多独楽、博多曲物で曜日により異なる)の絵付け体験ができる。

川端周辺 **MAP** 付録P.8 A-2

☎092-281-7761　📍福岡市博多区冷泉町6-10　🕐10:00(7・8月9:00)～18:00(最終入館17:30)　※絵付け体験は10:00～11:30/14:00～15:30、先着各5名(1グループ限定)　🚫第4月曜(祝日の場合は翌日)、12月29～31日　💴展示棟200円(絵付け体験は別途1500円)　🚃地下鉄・祇園駅から徒歩5分　🅿なし

⬇博多織の実演見学と体験は毎日実施される

福岡アジア美術館
ふくおかアジアびじゅつかん

アジア各地のエネルギッシュな
アートを集める個性的な美術館

アジアの近現代作品に特化して収集展示する世界で唯一の美術館。西洋作品とは趣の異なる独創的なアート作品が魅力。ミュージアムショップには、コレクションをモチーフにした小物やアジアン雑貨が並ぶ。

川端周辺 **MAP** 付録P.7 E-2

☎092-263-1100　📍福岡市博多区下川端町3-1博多リバレイン7・8F　🕐9:30～19:30(金・土曜は～20:00)ギャラリー9:30～18:00(金・土曜は20:00、入室は30分前まで)　🚫水曜(祝日の場合は翌日)　💴200円(特別展は別料金)　🚃地下鉄・中洲川端駅直結　🅿博多リバレイン駐車場利用

⬇アジア20カ国以上の作品約5000点を収蔵

写真提供:福岡市

人々の心に寄り添ってきたスポットへ

霊験あらたかな福岡の神社

『古事記』や『日本書紀』にもその名が記される、悠久の歴史を持つ神社が点在。
福岡の発展にも貢献した福岡藩主・黒田家ゆかりの神社も、人気が高い参詣スポットだ。

複雑な屋根構造の本殿
『古事記』に登場する古社

香椎宮
かしいぐう

香椎 **MAP** 付録P.3 F-2

この地で崩御したと伝わる仲哀天皇と神功皇后を祀り、創建が3紀と伝わる古社。本殿は日本で唯一の香椎造り。大楠の並木が約800m続く参道、不老長寿の湧水・不老水、菖蒲池やツツジ苑など見どころ豊富。

↑神功皇后が祈りを込めて植えたという、樹齢1800年以上の御神木

☎092-681-1001
所福岡市東区香椎4-16-1
⏰6:00〜18:00 休無休 料無料
交JR香椎神宮駅から徒歩3分
P350台

↑本殿に向かう石段の上には明治末期に再建された朱塗りの中門が建つ

日本三大八幡宮のひとつ
秀吉の箱崎茶会の会場

筥崎宮
はこざきぐう

箱崎 **MAP** 付録P.3 F-2

武運の神様として信仰され、蒙古襲来の際、敵国降伏の祈願を行った。豊臣秀吉が九州平定後に宿陣し、社坊・恵光院で随行した千利休と茶会を催した。ボタンの花咲く庭園が広がり、9月に大祭・放生会を開催。

☎092-641-7431
所福岡市東区箱崎1-22-1
⏰6:00〜19:00
休無休 料無料
交地下鉄・箱崎宮前駅から徒歩3分 P200台(有料)

↑平安中期創建とされる古社。厄除・勝運の神様としても知られる

航海の神様として知られ
すべての災いから守る

住吉神社
すみよしじんじゃ

住吉 **MAP** 付録P.5 D-3

日本三大住吉のひとつ。全国の住吉神社で最古の1800年以上の歴史を持つという。住吉造りの本殿は、黒田長政が江戸初期に再建。能楽殿は西日本有数の格式がある。

☎092-291-2670
所福岡市博多区住吉3-1-51
⏰9:00〜17:00 休無休 料無料
交博多駅から徒歩10分 P50台

↑緑に包まれた広大な境内は静寂で神聖な空気が漂う

↑境内にはさわると運が湧き出るというパワースポットの湧出石がある

↑神社建築で最古の様式とされる住吉造りの本殿。国の重要文化財

歴史 卑弥呼の時代から九州最大の都市へ

古代ロマンと黒田武士の魂

古代、卑弥呼の時代にあって倭国でも重要な位置を占めた奴国。菅原道真の怨霊が中央の都を震え上がらせた大宰府と天満宮。福岡の礎をつくった黒田父子…福岡の歴史にさまざまな物語を読む。

歩く・観る●歴史

古代〜室町時代

倭人伝の時代の奴国は福岡に
アジアへ続く商人の街

「漢委奴国王」の金印が福岡平野の奴国を証明
西海道の行政・軍事・外交を支配した大宰府

陳寿(233〜297)が記した『三国志』の『魏志倭人伝』にある倭の「奴国」は福岡平野に比定されている。江戸期に志賀島で発見された金印には「漢委奴国王」の文字が見え、『後漢書』に記述のある西暦57年に漢の光武帝が奴国王に下賜した印だとされ、奴国の朝鮮や中国とのつながりがわかる。大宝元年(701)の大宝律令により大宰府が成立。九州・西海道の行政を統括する、古代地方最大の役所であり、財政的にも大きな商業都市を形成していた。

◆金印は福岡市博物館(P.66)が所蔵

鴻臚館跡展示館
こうろかんあとてんじかん

大濠公園周辺 MAP 付録P.4 B-3
かつての平和台野球場跡地で発掘された、古代の"迎賓館"であった鴻臚館の遺構をはじめ、出土した中国産の陶磁器や新羅の陶器、ペルシャのガラス容器などを展示。
◎地下鉄・赤坂駅から徒歩8分 Ｐ舞鶴公園駐車場利用

明や朝鮮との貿易で博多は中世最大の貿易港に
灰燼に帰した戦国時代から秀吉による復興へ

大宰府の外交施設だった筑紫館は9世紀に鴻臚館と名称を変え、唐などとの交易の拠点となるが、11世紀になると交易拠点は博多に移り、博多商人と中国商人らとの私貿易が盛んに行われた。博多遺跡群から出土した大量の輸入陶磁器類から、博多が日宋貿易の拠点だったことがわかる。14世紀に明が成立すると日明貿易が始まり、嶋井宗室や神屋宗湛など博多を代表する商人らが活躍した。しかし戦国時代には博多は焦土となり、復活は秀吉による「太閤町割」まで待つことになる。

◎博多で見られる博多塀は秀吉が復興の際に焼け石や焼け瓦を再利用したもの

大宰府政庁跡
だざいふせいちょうあと

太宰府 MAP 付録 P.16 B-2
西海道全域を統轄し、外交交渉の窓口でもあった大宰府の政庁は、地方では最大規模の役所だったとされる。建物は3度再建され、現在見学できる礎石は3期目のものである。
◎西鉄・都府楼前駅から徒歩15分 Ｐ30台

戒壇院
かいだんいん

太宰府 MAP 付録 P.16 B-2
天平宝字5年(761)に建立された「日本三戒壇」のひとつで、観世音寺(P.115)境内に設置された。開山は鑑真。戒壇とは僧侶として守るべき戒律を授けるために設置されたもの。
◎西鉄・五条駅から徒歩10分 Ｐ50台

今に伝わる天神信仰

「学問の神様」として広がった信仰

菅原道真は5歳にして和歌を詠むなど幼い頃より聡明で学問に親しみ、さまざまな分野において卓越した才能を持っていた。数々の難関試験に合格し異例の早さで朝廷の要職に就き、国家のために善政を尽くした。さらに歴史書や漢詩書などの編纂を手がけるなど、学問的、文化的功績を数多く遺したことから、当代随一の学者、文人、政治家と称された。

太宰府天満宮 ◆P.112
だざいふてんまんぐう

太宰府 MAP 付録 P.18 B-1
延喜5年(905)に道真公の墓所の上に祠廟が建てられ、同19年(919)には醍醐天皇の勅命で社殿を建立、のちに道真には太政大臣の官位が追贈された。人々の道真公への信仰は、類まれな才能を持っていた「学問の神様」への崇敬として広がった。

国と国との思惑が交錯する

大陸との争い

**高句麗の広開土王との戦いや百済の白村江の戦いで
大宰府官人は刀伊の軍勢の博多上陸を阻止**

　中国と朝鮮の国々の変遷に日本もさまざまな対応をとった。『日本書紀』にある神功皇后のいわゆる三韓征伐、391年には百済の要請で高句麗と激突。天智2年(663)の白村江の戦いでは唐・新羅軍に敗退した。これにより大和政権は防備のため水城や本格的な山城を築いている。寛仁3年(1019)の刀伊の入寇には大宰権帥・藤原隆家が撃退している。

△『蒙古襲来絵詞(模本)』。元寇での戦いを描いた全2巻の絵巻物の部分〈九州大学附属図書館所蔵〉

**文永・弘安の役で博多に築かれた元寇防塁
「唐入り」遠征軍の本営を名護屋に置いた秀吉**

　大帝国モンゴルの5代皇帝フビライは、高麗を滅ぼし、日本服属を意図して文永11年(1274)に博多湾から上陸を開始する。モンゴル・高麗軍の"てつはう"や集団戦法に苦戦するが、大風雨によりモンゴル・高麗軍は撤退。鎌倉幕府は次の侵攻に備え、20kmにも及ぶ元寇防塁を築いた。弘安4年(1281)に大連合軍が再来襲したが台風に襲われ敗走した。

　九州平定を果たした秀吉は、大陸への侵攻のための兵站基地として、名護屋城を縄張奉行・黒田官兵衛に命じて造築させている。朝鮮出兵は文禄元年(1592)の「文禄の役」と慶長2年(1597)の「慶長の役」の2度にわたるが、同3年(1598)に秀吉が伏見城で病死したことで侵略は終わった。

香椎宮 → P.67
かしいぐう

香椎 **MAP** 付録P.3 F-2

仲哀天皇と神功皇后を祭神とする神社。現在の社殿は福岡藩10代藩主・黒田斉清によって再建された唯一香椎造りの建造物。御神木の「綾杉」や名水「不老水」などでも知られる。

生の松原
いきのまつばら

ベイエリア **MAP** 付録P.3 D-3

眼前に博多湾に浮かぶ能古島を望む景勝地。元軍の再度の襲撃に備えて沿岸20kmにわたって築造された、元寇防塁跡の一部が見られる。

🚃JR下山門駅から徒歩10分
🅿生の松原元寇防塁駐車場利用

松浦佐用姫 ◀ 唐津に伝わる悲しい恋の物語
まつらさよひめ

　宣化天皇(在位536〜539年)の時代、新羅から攻められた任那を救援するために朝鮮半島に派遣されることになった大伴狭手彦は、停泊地の松浦で佐用姫に出会い、恋に落ちた。船出の日、別離に悲しむ佐用姫は鏡山から領巾を打ち振って見送り、さらに七日七晩泣きあかしてとうとう石になってしまったという。この伝説を筑前守であった山上憶良が『万葉集』に詠っている。

鏡山展望台
かがみやまてんぼうだい

唐津 **MAP** 付録P.17 F-3

佐用姫伝説の舞台となった鏡山(領巾振山)にあり、領巾(女性が首にかけて左右に垂らす細長い布)を振る佐用姫の像も立っている。テラスからは唐津湾や虹の松原が見渡せる。

🚃JR虹ノ松原駅から車で15分
🅿148台

名護屋城跡
なごやじょうあと

唐津 **MAP** 付録P.17 D-1

「唐入り」を計画した秀吉が、文禄・慶長の役の遠征に備え、黒田長政ら九州諸大名を中心に天正19年(1591)にわずか5カ月で完成させた。大坂城に次ぐ規模を誇り、城下町の人口は20万を超えた。

🚃JR唐津駅から車で30分　🅿58台

◐秀吉亡きあと、人為的に破壊された石垣

△『肥前名護屋城図屏風』。狩野光信の作とされる六曲一隻の屏風で、五層の天守閣が描かれている。佐賀県重要文化財〈佐賀県立名護屋城博物館提供〉

天下人・秀吉をしてその智謀を恐れさせた

稀代の軍師・黒田官兵衛

その卓越した戦術・知略・交渉力・高い教養、さらに築城家としての才能を駆使して戦国時代の
天下人を動かした恐るべき軍師。嫡男・長政と築いた福岡城と城下町が大都市「福岡」を生む。

歩く●観る●歴史

秀吉の頭脳となり天下統一に貢献

　戦国時代にあって、天才的な軍師と評された黒田官兵衛は天文15年(1546)、群雄割拠する播磨国姫路の御着城主・小寺氏の家臣・黒田職隆の嫡男として生まれた。22歳で家督を継ぎ、姫路城代となり、櫛橋伊定の娘・光と結婚。翌年には福岡初代藩主・黒田長政となった嫡男・松寿丸が誕生する(次男・熊之助は朝鮮に出兵していた父らを追って半島を目指したが船が沈没。享年16)。中国征伐にあった秀吉に自分の居城・姫路城を提供。信長が本能寺で倒れると秀吉に従って"中国大返し"し、山崎で明智光秀を破った。

隠退は許されず、名護屋城の縄張りを

　秀吉の九州平定ではその功労に対し、豊前中津12万石が与えられたが、44歳で家督を長政に譲り、剃髪して如水と称した。これは秀吉の警戒心を払拭するためだったという。しかし秀吉は隠退を認めず、天正18年(1590)には小田原征伐に加わり、文禄の役(1592)では朝鮮出兵の大本営・名護屋城の縄張りを拝命、さらに日本軍の軍監として渡海し、機張倭城や梁山倭城などを朝鮮半島に築城している。関ヶ原の戦いで長政はその軍功により52万石の筑前福岡藩初代藩主に。如水は慶長9年(1604)、伏見の藩邸で死去、享年59。キリシタンだったため葬儀はカトリック式と仏式でなされた。

↑『如水居士(黒田官兵衛)像』〈福岡市美術館所蔵〉。官兵衛は築城家としても知られ、文禄の役では名護屋城の縄張りにあたっている

福岡藩主黒田家墓所

ふくおかはんしゅくろだけぼしょ

県庁周辺 **MAP** 付録P.5 D-1

黒田家の菩提寺・崇福寺の西北に隣接する歴代藩主の墓所。土・日曜10〜16時のみ見学可。
🚇地下鉄・千代県庁口駅から徒歩7分 **P**なし

立花宗茂 たちばなむねしげ　もうひとりの北九州の雄

↑『立花宗茂像』〈立花家史料館所蔵〉

　「忠義も武勇も九州随一」と評された立花宗茂は、永禄10年(1567)に現在の大分県豊後高田市に生まれ、のちに大友氏の重臣・戸次(立花)道雪の養子となる。戦国末期、九州制覇を狙う島津の大軍を撤退させることに成功し、秀吉から筑後柳川の13万2000石が与えられた。関ヶ原の戦いで戦後改易されるが、大坂の陣での活躍などにより、旧領の柳川藩を回復している。

三柱神社 ○ P.122

みはしらじんじゃ

柳川 **MAP** 付録P.19 F-1

初代柳川藩主・立花宗茂公、妻・誾千代(ぎんちよ)姫とその父・戸次(立花)道雪公の三柱を祀る。秋の大祭「御賑会(おにぎえ)」でも知られる。放火による火災、熊本地震等の被害から現在復興中。

藩祖・官兵衛と初代藩主・長政

福岡の誕生

築城には名島城の石垣や元寇防塁の石も利用
島原の乱にも参戦し、多大な犠牲を払った

　慶長5年(1600)12月に豊前国中津から筑前に入った黒田長政は、当初岡山に移封された小早川氏の居城だった名島城に入城するが、三方を海に囲まれており、城下町としては広さが十分でないこと、また福崎の周辺には良港があるなどという理由で警固村の福崎に、父・如水の助言などを受けながら7年の歳月を費やして新たな城を造築した。城の名は福岡城としたが、これは黒田氏ゆかりの備前国邑久郡福岡(現在の岡山県瀬戸内市長船町)にちなんだもの。福岡という地名もここに誕生する。

　福岡の街は、中洲を囲む那珂川と博多川の西側が城下町・福岡で東側のエリアを商人の街・博多とした。西中島橋には枡形門が設置され、番所も置かれていた。
　寛永14年(1637)の島原の乱には福岡藩も原城の包囲や海上封鎖に出陣を命じられ、本丸攻めでは多くの死傷者を出している。

酒は飲め飲め　飲むならば
日の本一の　この槍を
飲み取るほどに　飲むならば
これぞまことの　黒田武士　(民謡『黒田節』から)

　黒田官兵衛と福岡藩初代藩主で福岡城を築造した長政父子に仕えた優秀な家臣24人をこう呼ぶが、そのなかでもさらに優れた8人の武将は「黒田八虎」として賞賛された。八虎では、官兵衛に出仕し、民謡『黒田節』のモデルとされる母里友信(太兵衛)や、関ケ原の戦いの武勲で名を上げた後藤基次(又兵衛)らが知られる。

◐母里友信の像。名鎗日本号を構える

福岡城跡 ➡P.58
ふくおかじょうあと

大濠公園周辺 MAP 付録P.4 B-3
福岡藩初代藩主・黒田長政によって福崎(現・舞鶴公園)に築城された福岡城。本丸から三の丸まで縄張りは41万㎡と広大で、47基もの櫓があったとされる。

福岡市博物館 ➡P.66
ふくおかしはくぶつかん

ベイエリア MAP 付録P.3 E-3
福岡や博多関連の歴史・民俗資料が充実。「漢委奴国王」と刻まれた金印(国宝)や名鎗「日本号」などを展示。建物入口にはブールデルのブロンズ像も立つ。

城下町と町人町に分かれていた

街の2つの中心

かつては那津と呼ばれた古代の昔から
2つの新幹線が出会う人口160万人の大都市

　黒田長政の福岡城の造築によって福岡は町人町・博多と城下町・福岡の二極都市の様相を帯びるが、古代からの歴史を持つのは博多だった。博多湾は古くから那津などと呼ばれてきた(『倭人伝』にある奴国の根拠)。しかし、大正13年(1924)の西鉄(天神)大牟田線の開通によって天神(西鉄福岡)が起点となり、ターミナルデパートとして岩田屋や博多大丸なども建ち、福岡(天神)エリアは大規模な商業圏を形成している。またJR博多駅は山陽・九州両新幹線の境界駅であり、阪急百貨店やシネコンなどが入居するJR博多シティも建設されている。福岡は九州第一の大都市であり、人口は160万人(2020年)を数える。

岩田屋本店 ➡P.50
いわたやほんてん

天神周辺 MAP 付録P.13 D-3
福岡の呉服店を発祥とする、地元百貨店。昭和11年(1936)に天神に百貨店を開店。九州初のターミナルデパートとして出店し、ほかの商業施設とともに天神の発展に尽力した。

つばめの杜ひろば
つばめのもりひろば

博多駅周辺 MAP 付録P.15 E-2
JR博多駅の複合商業施設「JR博多シティ」(P.32)の屋上にある娯楽スペース。子どもと楽しめる水戸岡鋭治デザインの「つばめ電車」や庭園、鉄道神社、展望テラスなどがある。
❸博多駅直結
🅿JR博多シティ提携駐車場利用

西暦	元号	事項
57	—	倭の奴国王が後漢に朝貢し金印を授かる
＊	—	2~3世紀頃に倭国大乱、邪馬台国成立
527	継体21	筑紫君磐井の乱が起き、翌年平定される（大和朝廷と九州豪族の衝突）
536	宣化 元	大和朝廷、九州支配を強めるため現在の福岡市南区に那津官家を設置（大宰府の前身）
630	舒明 2	第1回遣唐使、那津官を経て派遣
660	斉明 6	朝鮮半島で百済が唐と新羅により滅亡。斉明天皇は百済復興を助けるため、朝鮮出兵を命じる
663	天智 2	白村江の戦いで唐と新羅に敗北
664	3	唐と新羅の侵攻に備え防人と烽が置かれ、水城を築く。この頃に大宰府が設置され、防衛を統括
668	7	新羅使が来日。以後も幾度か来日し、関係を修復
688	持統 2	新羅使を筑紫館（のちの鴻臚館）でもてなす（鴻臚館跡展示館 ◑P.68）
701	大宝 元	大宝律令制定。大宰府を含む官制が整備される
720	養老 4	九州南部で隼人の反乱が起こるが鎮圧される
740	天平12	藤原広嗣が大宰府で挙兵し反乱を起こすが鎮圧される。その影響で一時的に大宰府が廃される
745	17	大宰府が再び置かれる
761	天平宝字5	観世音寺 ◑P.115が天下三戒壇のひとつと定められる
849	嘉祥 2	唐の商人53人来日。以後、唐商船の渡航が増える
894	寛平 6	菅原道真の進言により、遣唐使廃止
901	昌泰 4	道真、大宰府に左遷される。翌々年に没
905	延喜 5	道真の廟が造られる（太宰府天満宮 ◑P.112）
941	天慶 4	藤原純友の乱。大宰府が焼失し、博多が戦場になる（大宰府はのちに再建）
1091	寛治 5	この年以降、鴻臚館の名は資料に登場せず（この頃、博多を拠点に日宋貿易が活発化）
1158	保元 3	平清盛、日宋貿易の権益を掌握するため大宰大弐（大宰府の実質的長官）に就任
1192	建久 3	源頼朝、征夷大将軍になる。鎌倉幕府（武家政権）成立により、律令制下の大宰府は機能を停止
1242	仁治 3	宋商・謝国明、承天寺を建てる
1274	文永11	元寇により博多の街が焼ける（文永の役）
1276	建治 2	幕府、元寇に備え防塁を築く（生の松原 ◑P.69）
1281	弘安 4	2度目の元寇（弘安の役）。防塁により元軍は博多に上陸できず、暴風雨により船団の多くが沈没
1401	応永 8	室町幕府将軍足利義満、博多商人肥富のすすめで日明貿易を始める
1420	27	博多商人宗金、日朝貿易を始める

西暦	元号	事項
1467	応仁 元	応仁の乱が起き、戦国時代の動乱が始まる
1559	永禄 2	少弐氏、大内氏、大友氏の抗争で博多の街が荒廃
1587	天正15	九州平定をした豊臣秀吉、博多の復興に着手
1591	19	秀吉、大陸進出を見据えて九州の大名に名護屋城築城を命じる（名護屋城跡 ◑P.69）
1592	文禄 元	1度目の朝鮮出兵（文禄の役）
1597	慶長 2	2度目の朝鮮出兵（慶長の役）
1600	5	関ヶ原の戦い。黒田長政が筑前国主となる
1601	6	長政、福岡城を築城開始（福岡城跡 ◑P.58）
1607	慶長12	第1回朝鮮通信使来日。以後、福岡藩は通信使来日のたび（計12回中11回）に、藩領の相島でもてなす
1623	元和 9	長政が没し、お家騒動が起きる（黒田騒動）
1871	明治 4	廃藩置県。筑前国が福岡県・秋月県に（同年統合）
1876	9	県域が再編され、現在の福岡県域が確定
1889	22	福岡市制施行。九州鉄道・博多駅開業
1899	32	博多港が対外貿易港として開港
1905	38	博多~釜山の定期航路開設
1924	大正13	福岡駅（現・西鉄福岡（天神）駅）開業
1936	昭和11	岩田屋本店 ◑P.50が天神に開店
1945	20	福岡大空襲。席田飛行場が米軍に接収され、板付飛行場（のちの福岡空港）と改称
1951	26	博多港が重要港湾に指定される。戦後初の民間航空路線が、東京~大阪~福岡に開設される
1963	38	博多駅移転。博多ステーションビル開業
1972	47	福岡市が政令指定都市となる。米軍から板付基地が返還され、板付飛行場は福岡空港となる
1975	50	福岡市人口が100万人を突破。山陽新幹線が博多駅まで開通
1976	51	天神地下街が整備され、天神流通戦争が起こる
1980	55	福岡都市高速道路開通
1981	56	地下鉄1号線（のちの空港線）開業
1982	57	地下鉄2号線（のちの箱崎線）開業
1986	61	西鉄による西鉄福岡駅周辺再開発事業「天神ソラリア計画」が始まり、天神の商業集積が進む
1989	平成 元	福岡市でアジア太平洋博覧会「よかトピア」開催。あわせて福岡タワー ◑P.62が建設される
1996	8	キャナルシティ博多 ◑P.37開業
1999	11	ソラリアステージ ◑P.51開業をもって天神ソラリア計画が完成
2005	17	地下鉄3号線（七隈線）開業
2011	23	九州新幹線全線開通。JR博多シティ ◑P.32開業

＊は年が特定できない事項

福岡、ここは
最上級の美食が
集う「食都」

食べる

❖

日本を代表する国際商業都市として
名を馳せてきた福岡には、
和食はもちろん、洋食、中華など
幅広いジャンルの上質な名店が多い。
地域特有の食文化といえる夜の屋台、
福岡市民にこよなく愛されるうまいもの、
歴史ある名物料理も見逃せない。

足赤エビのグリル 赤ウニ添えトリュフと松茸の香り。料理はその日の仕入れで変わる

厳選食材がシェフの手で芸術へと昇華

洗練された一皿
食都のフレンチ

九州中から豊富な食材が集まる福岡。シェフがこだわって選んだ素材が磨き抜かれたセンスと技で調理されることで、至高の美味が実現する。

⤵対馬の岩ガキ55℃蒸し。55℃で蒸すことで旨みが閉じ込められ滋味豊か

地産地消の上質フレンチ
その日の仕入れで料理を構成

食堂セゾンドール
しょくどうセゾンドール

西鉄平尾駅周辺 **MAP** 付録P.5 D-4

料理のテーマは九州の地産地消。生産者からその日届く魚介や野菜を中心にコースを構成し、低温スチームを取り入れ素材の魅力を最大限に引き出す。各料理に合わせてお酒をグラスで出すペアリングコース6000円～も人気がある。

⤴唐津の名店が2015年に移転オープンした

☎092-524-0432
⌂福岡市南区高宮1-3-32 高宮第2オークマンション1F
🕐12:00～13:00(LO) 18:00～19:00(LO) ㊡月～水曜 ㊞西鉄・平尾駅から徒歩5分 Ⓟなし

⤴オープンキッチンを取り入れた明るい雰囲気の店内

予約	望ましい
予算	Ⓛ7700円～
	Ⓓ1万7600円～

九州の旬の味が見事な一皿に
福岡を代表するフレンチの名店

RESTAURANT GEORGES MARCEAU

レストラン ジョルジュ マルソー

予約	望ましい
予算	Ⓛ 3190円〜
	Ⓓ 9350円〜

大濠公園周辺 **MAP** 付録P.4 B-2

唐津から届く魚介類や熊本を中心とした九州産の野菜、国内外から厳選した肉など、吟味を重ねた食材を使い、季節が香り立つ一皿一皿を提供してくれる。九州の優れた食材が集まる福岡ならではの、極上フレンチを堪能することができる。

☎ 092-721-5857
🏠 福岡市中央区大手門1-1-27 オーテモンウェルリバーテラス1F ⏰ 11:45〜15:00(LO13:30) 18:00〜23:00(LO21:00) 🚫 不定休
🚇 地下鉄・赤坂駅から徒歩5分 Ⓟ なし

⬆ 唐津市場から届いた海の幸サラダ仕立て。仕入れにより魚介は替わる。写真はアワビや車エビなどと、厳選した九州産の野菜

➡ パティスリーも出店しているだけに、デザートも定評がある(左)。太陽の光が豊かに差し込む明るい店内。夜は落ち着いた大人の雰囲気に(右)

ボリューム豊かでリーズナブル
女性客に人気の高いビストロ

BISTROT MITSOU

ビストロ ミツ

薬院 **MAP** 付録P.10 B-2

⬆ パリの街角にありそうな明るい雰囲気の店。席待ちで並ぶ人も多い

2001年の開店時から、気軽にフレンチを楽しめる店として女性に人気が高い。九州各地から厳選した食材を使い、フォンからていねいに作る料理はボリュームたっぷり。数人で何品か頼み、シェアするのもおすすめだ。

☎ 092-713-5227
🏠 福岡市中央区薬院2-16-11 エステート・モア薬院ジョイ1F ⏰ 11:45〜15:00(LO14:00) 18:00〜23:00(LO21:30) 🚫 火曜
🚇 地下鉄・薬院大通駅から徒歩5分 Ⓟ なし

⬆ 店内は26席。カウンターもあり、一人でも気兼ねなく食事が楽しめる

⬆ 糸島産豚スペアリブのコンフィ2300円。絶妙に火が通り、肉の旨みをシンプルに味わえる。奥はガトーショコラ アイス添え600円

予約	可
	(週末は望ましい)
予算	Ⓛ 2200円〜
	Ⓓ 4800円〜

こだわり抜いた空間と料理
大人のためのもてなしの時間

Raisin d'Or

レザン ドール

西中洲 **MAP** 付録P.7 E-3

⬆ 大人の街として知られる西中洲のスタイリッシュなビルの中にある

ソムリエであるオーナーが客の視点で居心地のよさを追求。椅子やテーブル、食器にこだわり、上質の空間を演出している。そこで楽しむ極上のフレンチと選び抜かれたワイン、心細やかなもてなし。特別な時間が過ごせる。

☎ 050-3628-1413
🏠 福岡市中央区西中洲2-25 STAGE1西中洲 1F ⏰ 17:30〜21:00(LO) バー17:30〜24:00 🚫 日曜
🚇 地下鉄・天神駅から徒歩8分 Ⓟ なし

⬆ 店内はソムリエバッジの金のブドウにちなむゴールドがテーマ

⬆ 料理はコースのみでその日の仕入れで構成。写真は前菜一例。料理と合わせながらフランス産中心のワイン350種からペアリングも楽しめる

| 予約 | 望ましい |
| 予算 | Ⓓ 1万5000円〜 |

美食の街で出会う
評判のイタリアン

老若男女に広く人気を集めるイタリアン。おいしい店は各地にあれど、美食の集う福岡で評判になるのは「上のなかの上」の店で間違いない。

⤴ トルテッリ・サンロレンツォ 1600円。ジャガイモの詰め物をしたトスカーナ地方のパスタ

⤴ クラシックなイメージの店内。ランチはパスタ単品700円〜やセットメニュー1800円など

⤴ 店は薬院六つ角近く。曲線を描く外階段が印象的なビルの2階にある

イタリアの郷土料理への思いが
一皿一皿から伝わってくる店

Trattoria Del Cielo
トラットリア デル チェーロ

薬院 **MAP** 付録P.10 C-2

イタリア各地の素朴だが多彩な郷土料理を本場で修業したシェフが提供。種類豊富な手打ちパスタをはじめ、肉料理や魚料理をアラカルトやプリフィクス、コースで味わえる。イタリア郷土料理へのシェフの思いがすみずみまで込められた、福岡では貴重な店だ。

☎092-714-0975
⌂福岡市中央区薬院1-11-7 2F
🕐12:00〜14:00(LO13:30) 17:30〜23:00 (LO21:30) 🈲月曜 🚇地下鉄・薬院大通駅から徒歩3分 🅿なし

予約	要
予算	Ⓛ1000円〜 Ⓓ7000円〜

⤴ オコゼとアサリのグアツェット2200円。イタリア北西部の海岸部リグリア地方の郷土料理

一皿に込めた食材への敬意が
旬の味わいを際立たせる

Perché No !?

ペルケ ノー !?

赤坂 **MAP** 付録P.4 B-3

トスカーナ州やピエモンテ州といった
北イタリアの郷土料理を中心に、シェ
フの創意工夫を盛り込んだアレンジが
好評。シェフ自ら買い付ける糸島産野
菜など、吟味した素材で季節を感じさ
せてくれる。ボリューム感もあり、満
足度が高い料理にリピーターも多い。

☎092-725-3579
🏠福岡市中央区警固2-17-10
SPAZIOけやき通りビル1F ⏰12:00～14:30
(LO13:30) 17:00～22:00(LO21:00)
🈺月曜(祝日の場合は翌日)、月～金曜のランチ
🚇地下鉄・赤坂駅から徒歩10分 Ｐなし

予約	可
予算	Ⓛ2420円～
	Ⓓ6480円～

⬆飲食店やショップ
が集まる赤坂けやき
通り沿いにある

⬆外光が差し込む明るい
店内。6名まで利用でき
るシェフズテーブルも

⬆イカ墨を練り込んだ手打ちパスタ 甲殻類のラグーソース2420円

⬆バジル、モッツァレラ、フ
レッシュトマトのピッツァ「カ
パトスタ」1180円(左)。ナポリ
に本部がある「真のナポリピッ
ツァ協会」に九州で初めて認定
された(右)

⬆前菜盛り合わせ(1人前880円。
写真は2人前)フォカッチャ、自
家製パンチェッタ、水牛のモッ
ツァレラ、季節野菜のマリネなど
6～10種類を豪快に盛り合わせ

ピッツァや窯焼き料理がお手ごろ
九州で初めて本場ナポリが認定

イルソルレヴァンテ

赤坂周辺 **MAP** 付録P.10 A-1

本場ナポリで修業したオーナーシェフ
の松尾雅弘さん。その手が特製薪窯で
焼き上げるピッツァは小麦の香りが引
き立ち、モチモチした食感だ。窯焼き
の肉料理や魚料理も充実。地場産の
野菜や肉を豪快に盛ったボリューム豊か
な前菜はお得で、ワインがすすむ。

☎092-713-6888
🏠福岡市中央区警固2-14-1 ⏰12:00～14:00
(LO13:00) 17:00～22:00(LO21:00)
🈺火曜(月1回月・火曜が連休になる場合あり)、
水曜のランチ 🚇地下鉄・赤坂駅から徒歩10分
Ｐなし

予約	可
予算	Ⓛ1000円～
	Ⓓ3500円～

⬆赤いタイルが印
象的な窯はナポリ
のピッツァ窯職人
が製作

手前に福岡市街、左手には博多湾が広がり、遠くに志賀島も望める

※写真はイメージです

きらめく灯りに見惚れるディナータイム

輝く街を望む絶景ダイニング

九州一の大都市・福岡の街がつくる
美しい夜景を独り占めするかのよう。
都心を離れて絶景を見下ろす、
素敵なロケーションのダイニングへ。

バー＆ダイニング CLOUDS
バー＆ダイニング クラウズ

予約	可
予算	Ⓛ5000円〜 Ⓓ5500円〜

ベイエリア **MAP** 付録P.3 E-3

天空のダイニングバーで洗練された夜を楽しむ

ヒルトン福岡シーホークホテル35階にあり、福岡市街や博多湾を見下ろしながら贅沢な時間を過ごせる。地元食材を生かした料理とシャンパン、ワイン、カクテルが堪能できる大人の空間だ。

☎092-844-8111（代表）
※予約☎092-844-8000（10:00〜18:00）
🏢福岡市中央区地行浜2-2-3ヒルトン福岡シーホーク35F ⏰アフタヌーンティー12:00〜16:30、ディナー17:30〜22:00、バー17:00〜24:00 🈳無休 🚃博多駅から西鉄バス306番で22分、ヒルトン福岡シーホーク前下車すぐ 🅿ヒルトン福岡シーホーク駐車場利用

⬆ディナータイムはアラカルトや記念日に最適なアニバーサリープランが人気

⬆エントランス横にはカウンターもある

⚲油山の豊かな自然に恵まれたロケーションから眺める福岡市街の夜景は、まるで宝石をちりばめたかのよう（レストランMORI）

レストランMORI
レストランモリ

油山 **MAP** 付録P.3 E-4

都心では味わえない広大な景色
本格フレンチで贅沢なひととき

福岡市南部にある油山の中腹に建ち、福岡市街の東部から北部を一望できる。地元市場から仕入れた旬の魚やA5ランクの和牛、季節によってジビエも取り入れた本格フレンチが堪能できる。都心では味わえない広大な景色をゆったり楽しみたい。

⚲油山の自然を感じながらカフェタイムを満喫

☎092-861-4437
🏠福岡市城南区東油山黒の原515-39
🕐ランチ12:00〜／13:00〜、ディナー18:30〜（土・日曜、祝日18:00〜）／19:30〜（土・日曜、祝日19:00〜）※火曜（祝日の場合は翌日）🚃地下鉄・福大前駅から車で10分（予約の場合無料送迎あり）🅿27台

⚲オードブル2品。手前は季節の野菜を使った一品。奥は季節の魚介の一品

予約	要
予算	Ⓛ5500円〜
	Ⓓ9350円〜

⚲昼、薄暮、そしてすっかり暮れたあとと、何度見ても飽きない景色が窓外に広がる

IMURI
イムリ

桜坂周辺 **MAP** 付録P.4 B-4

きらめく景色と上質な料理で
静かに過ごす大人の時間

中央区の高台に延びる「桜坂」の途中にあり、眼下に福岡市西部の街並みを眺めながら食事やお酒が楽しめる。料理はその日に仕入れた食材を生かして作るアラカルトメニューが主で、鮮魚をお造りや酒蒸し、フレンチなど、好みでオーダーできる。

⚲毎日仕入れる近海産の魚介類。A5級の佐賀牛は100g3850円

☎092-762-7070
🏠福岡市中央区谷1-3-15
🕐11:30〜14:30(LO14:00) 17:00〜24:00(LO23:00) 🚫不定休(HPで要確認)🚃地下鉄・桜坂駅から徒歩7分 🅿9台

⚲中庭はテラスになっており、ライトアップも

⚲西側にあるテラスからは福岡タワーや福岡PayPayドームが望める

予約	望ましい
予算	Ⓛ3000円〜 Ⓓ7000円〜
	※バーは別途チャージ1200円

79

九州中の「旨い魚」が集う街で

珠玉のネタが絶品寿司に進化

獲れたての新鮮魚介を確かな目利きで仕入れ、確かな技で握る。
地元の常連たちの心をつかみ虜にする、寿司職人の粋にふれる。

食べる●福岡上質ダイニング

鮨おかだ
すしおかだ

薬院 **MAP** 付録P.10B-3

力量がよくわかる彩り豊かな前菜
ネタの大きさと酢飯が好バランス

2015年に開店し、実力店として注目を
集める。ネタは地元をはじめ全国から
仕入れ、酢飯とのバランスがよく満足
度が高い。握り盛り合わせもあるが、前
菜や焼き物が付く店主おまかせがおす
すめ。一品料理も充実しており、お酒を
ゆっくり楽しめる。

☎092-534-1888
🏠福岡市中央区薬院4-8-3 ARTK'S浄水1F
🕐17:00〜24:00　休不定休
🚇地下鉄・薬院大通駅から徒歩2分　Pなし

おまかせ一例1万5400円〜
赤酢でさっぱりしたシャリを使った
寿司を中心とする、大満足のコース

⬆店は薬院の表通りから一歩入ったところに位
置している

⬆清潔なカウンターがすっと延びる店内。座敷
席もある

予約 望ましい
予算
Ⓓ1万3000円〜

鮨忠尾
すしただお

住吉 MAP 付録P.5 D-3

地魚にこだわり西へ東へ奔走
漁師のお客も多い隠れた名店

福岡は四季を通して魚がおいしい。それを味わってと、徹底して天然の地魚にこだわり、西区や福岡市隣の宗像、糸島の漁港や漁業組合まで仕入れに出向く。その熱意が生む握りや造りは多くの漁師が食べに来るほど。香港などにも紹介され、海外客も大勢訪れる。

☎092-473-8448
㊟福岡市博多区住吉4-6-21
🕐17:30〜22:00(LO21:00) ㊡不定休
🚉博多駅から徒歩10分 Ｐなし

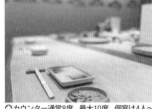
⬆カウンター通常8席、最大10席。個室は4人〜

おまかせコース 1万円〜
地元で穫れた旬の魚介を中心に刺身、煮魚、寿司などが味わえるコース

予約	望ましい
予算	Ｄ1万円〜

たつ庄
たつしょう

薬院周辺 MAP 付録P.11 E-3

ほがらかで真摯な店主の人柄と
極上の九州産魚介の旨さに感動

ネタの多くは地元で水揚げされた九州産、マグロは豊洲のやま幸から仕入れた極上品。店主の寿司職人としての誇り、真摯な姿勢はネタとの相性、口でほどけるタイミングまで考えたシャリひとつをとってもよくわかる。昼1万1000円、夜3万3000円のおまかせのみ。

☎092-522-3390
㊟福岡市中央区高砂1-19-28 エスポワール渡辺
通南102 🕐11:30〜14:00(LO12:00) 18:00〜
22:00(LO19:00) ㊡日曜、祝日
🚉地下鉄／西鉄・薬院駅から徒歩7分 Ｐなし

⬆シンプルでモダンな外観。掃き清められた玄関に、打ち水をしてお客を迎えいれる

予約	要
予算	Ｌ1万1000円〜
	Ｄ3万3000円〜

寿司を握るときは、他を寄せ付けない迫力がある立石さん(左)。兵庫名物の一年牡蠣、八女産の筍を添えた白甘鯛の若狭焼き(右)

夜おまかせ 3万3000円
コースの一部。左から福岡県鐘崎産ヤリイカ、静岡県下田産マグロの中トロ、熊本県天草産コハダ。奥は炙ったノドグロにからすみをのせた小鉢の寿司

茶室建築の設計士に依頼したこだわりの空間（馳走なかむら）

ていねいな手仕事と繊細な味覚の世界

旬食材が生きる 美しき和の食卓

ひとつひとつの皿から感じられる、料理人の細やかなもてなしの心。
素材の味を生かし、季節感を楽しませてくれる和食の真髄にふれる。

夜の懐石 1万6500円
懐石料理の一品「レンコン餅」。新レンコンを団子風に仕上げ、ずんだ、みょうが、蓮の実を添えて蓮の葉に。だしのジュレで味わう

感性豊かな懐石料理はそのまま
北九州の名店が博多へ

馳走なかむら
ちそうなかむら

川端周辺 **MAP** 付録P.7 D-1

2016年に北九州から博多へ移転。茶室を思わせる数寄屋造りの店内が印象的だ。旬の食材を使い、手間ひまかけた懐石料理は、深い味わい。基本はおまかせコースだが、アラ、フグ、松茸など食材の希望も聞いてくれる。かまどで炊いたご飯も絶品。

予約	要
予算	ⓁⒹ2万～（税別）※別途サービス料5%

☎092-292-7663
⊕福岡市博多区対馬小路2-10
🕐18:00～22:00(LO19:30) 火・木・土曜11:30
～14:00 ㊡日・月曜、祝日
🚃地下鉄・中洲川端駅から徒歩8分 Ⓟなし

↑入口を通ると、露地をイメージした通路が続く

那珂川沿いの景色を眺めつつ
福岡の一流の味を堪能したい

しらに田
しらにた

西中洲 **MAP** 付録P.7 E-3

銀座の一流店で修業を積んだ主人が、名店が軒を連ねる西中洲に看板を掲げる。良質な食材を吟味し、手間を惜しまずに仕上げた料理は味はもとより、器ひとつをとっても訪れた客を喜ばせる。夜は2つのおまかせコースのみ。昼は名物の鯛茶漬けセットが味わえる。

☎092-725-7336
🏠福岡市中央区西中洲4-4 RIN FIRST 4F
🕐11:30〜14:00(入店は〜13:00)
17:30〜22:00(入店は〜20:00)
🈺第2・4日曜 🚃地下鉄・中洲川端駅から徒歩5分 Ｐなし

予約	要
予算	Ⓛ1980円〜 Ⓓ1万8150円〜

シックな照明に照らされたL字型のカウンター席(左)。4〜14名まで収容の個室は計4室。窓から那珂川が望める(右)

夜のおまかせコース
1万8150円〜
上はスペシャリテの焼きごま豆腐。右は締めの鯛茶漬け。玄界灘産天然真鯛はプリッと身が引き締まった食感で、甘みが素晴らしい

博多が誇る老舗割烹にもご注目

半世紀以上にわたり
愛され続ける鯛茶

割烹よし田
かっぽうよしだ

昭和38年(1963)に創業した老舗。近海で獲れた鯛をさばきたてで提供する鯛茶が名物。プリッとした弾力ある食感は新鮮だからこそ。門外不出の秘伝のタレが、繊細な鯛のうまさをさらに引き立てている。

川端周辺
MAP 付録P.8 A-1

☎092-409-0703
🏠福岡市博多区店屋町1-16 🕐11:30〜14:30(LO14:00) 17:00〜22:30(土曜は〜22:00、LO各1時間前)
🈺不定休
🚃地下鉄・呉服町駅から徒歩5分
Ｐなし

予約	可
予算	Ⓛ1430円〜 Ⓓ6930円〜

※個室使用時は、別途個室使用料金10%

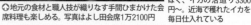
地元の食材と職人技が織りなす手間ひまかけた会席料理も楽しめる。写真はよし田会席1万2100円

鯛茶1650円。刺身からお茶漬けへと味わいの変化が楽しめる

職人が注文を受けてさばく、イカの活造り3300円。近海で獲れたイカを毎日仕入れている

最も本場と近い街ならでは。心安い本格中国料理をいただく

国境の街の心温まる中華

大陸との窓口として伝統的に中国とのつながりが深い福岡では、古くから中国料理が親しまれており、本格料理から地元の素材に合わせアレンジされた料理まで、気軽に味わうことができる。

食べる●福岡上質ダイニング

スペアリブのやわらか煮込み 1400円
アコウ（キジハタ）の姿蒸し 2400円〜
手前はスペアリブ 中国黒豆煮込み。中国の甘納豆を炒めて香りを出し、じっくり煮込む。奥はアコウ（キジハタ）の姿蒸し。漁港直送の鮮魚を姿蒸しにし、甘酢あんと味わう

予約	望ましい
予算	Ⓛ1000円〜
	Ⓓ5000円〜

侑久上海 本店
ゆうきゅうしゃんはい ほんてん

天神周辺 **MAP** 付録P.6 B-2

「博多中華」の巨匠、直伝の技が
長浜仕入れの鮮魚を見事な料理に
「博多中華」発祥のお店。近海産の魚介類や福岡近県の肉、糸島産の野菜など四季折々の食材を使って腕をふるう。長浜魚市場からその日仕入れた魚を、蒸す・揚げる・焼く・炒めるなど、客の要望に応えて調理するのも看板のひとつ。紹興酒、ワインと合わせて楽しみたい。

☎092-718-3377
🏠福岡市中央区天神3-8-18 イル・グラッツィア天神1F ⏰11:30〜15:00（LO14:00）17:00〜21:00（LO20:30） 休無休
🚃地下鉄・天神駅から徒歩7分 Ⓟなし

↑天神の中心街から北へ向かった先に立地。親不孝通りにも近い

↑落ち着いた雰囲気の店内は昼・夜とも客で賑わう。個室もある

福新楼
ふくしんろう

天神周辺 **MAP** 付録P.13 D-4

「博多の中国料理」を確立した
創業110年を超える老舗

創業明治37年(1904)、博多皿うどん発祥の店。中国の食文化「身土不二、薬食一如」の教えを大切に、博多の中国料理店を代表する存在。各界の著名人をはじめ足繁く通うファンが多く、軽いランチから本格コース料理まで、幅広く利用できる。リクエストにも対応。

☎0120-2946-01
㊟福岡市中央区今泉1-17-8 ㊟11:30〜21:30(LO20:30)
㊡火曜 ㊋地下鉄・天神駅から徒歩10分
㊠なし

↑全席ボックス席の1階。ほかに個室、宴会場を備える

↑天神からほど近い今泉の路地裏に建つ5階建ての中国料理の名店

予約 可
予算 Ⓛ1300円〜 Ⓓ3500円〜

博多皿うどん 1320円
博多ショウケイ 1100円(4枚)
福新楼発祥の博多皿うどんと、北京ダックの要領で薄いクレープに鶏肉、自家製味噌、ネギを巻いて食べる博多ショウケイは、常連の多くが注文する名物料理

国境の街の心温まる中華

↑あっさりを追求したもつ鍋を提供する人気店

| 予約 | 望ましい |
| 予算 | ⒟4000円～ |

もつ鍋
1人前 1200円
（写真は3人前）
酢醤油には柚子胡椒をお好みで。最後はちゃんぽん麺をスープがなくなるまで煮込んでゴマを加えていただく。人数分のワンドリンクオーダーが必要
スープ 鶏ガラ

もつ幸
もつこう

川端周辺 MAP 付録P.7 F-1

40年以上続く独自のもつ鍋は鶏ガラベースのスープで炊く

鮮度抜群の和牛モツやキャベツ、ニラ、餃子の皮を鶏ガラベースのスープで煮て、自家製酢醤油につけて味わう。プリプリ、コリコリと食感が異なるもつ、たっぷりの野菜、とろりとした餃子の皮は、さっぱりとしていくらでもいけそう。

☎092-291-5046
🏠福岡市博多区綱場町7-14 🕐17:30～23:30(LO22:30) 土曜・ 祝日17:00～22:30(LO22:00) 🈺日曜(月曜が祝日の場合は営業、月曜休) 🚇地下鉄・呉服町駅から徒歩2分 🅿なし

↑計102席を用意。予約は大人3人から

名物の滋味 もつ鍋

もつの食感と味わいに感動

福岡が誇る名物鍋。もつとたくさんの野菜の旨みが溶け出したスープが、体の奥底まで染みわたり温まる。各店工夫を凝らしたスープや具の違いも楽しみ。

「もつ幸」のもつ鍋

博多のもつ鍋

戦後間もない頃、当時安価だったもつとニラをアルミ鍋で炊いたのが始まりといわれる。食糧難の時代をたくましく乗り越えた心意気が生きるソウルフード。コラーゲンや鉄分、ビタミンなどが豊富なもつとたっぷりの野菜で栄養満点。

野菜・具
ニラとキャベツが基本。店によってゴボウやモヤシも入ったり、にんにくや唐辛子などの薬味や、餃子の皮といった工夫が加えられる。

もつ
牛もつを使う。脂がたっぷりでプリプリした食感の小腸のみの店が多いが、ほかの内臓も混ぜてさまざまな食感で提供する店もある。

スープ
従来の定番はあっさりした醤油ベースか濃厚な味噌ベースだが、塩スープや、鶏ガラスープで水炊き風に酢醤油をつけるスタイルも登場。各店のこだわりが光る。

↑サイドメニューも豊富。人気の牛ホホ肉の赤ワイン煮935円

京風もつ処 越後屋 博多駅前本店
きょうふうもつどころ えちごや はかたえきまえほんてん

博多駅周辺 **MAP** 付録P.14 B-4

鮮度の高さと美しさを追求した 白味噌仕立ての後を引く味

店主が厳選した福岡県産和牛もつを使用している。その味わいを引き立てるのは、数種の白味噌をブレンドしたスープだ。傍らに添えた柚子胡椒入り揚げ豆腐がアクセントになっている。

☎092-413-8934
㊟福岡市博多区博多駅前3-11-17 1F
⏰17:00〜23:00(LO) 休不定休
🚃博多駅から徒歩8分 Pなし

↑和の風情漂う広々とした店内はすべて掘りごたつ形式。席数50

↑料理への期待が高まる清潔感ある玄関

京風白味噌もつ鍋
2人前 3520円
(写真は4人前)
もつの旨みと脂の甘さを上品な白味噌ベースのスープでどうぞ。柚子胡椒入りの特製揚げ豆腐も味のアクセントに
スープ 白味噌仕立て

予約 望ましい
予算 D 3000円〜

名物の滋味 もつ鍋

もつ鍋 慶州 西中洲店
もつなべ けいしゅう にしなかすてん

西中洲 **MAP** 付録P.7 E-3

伊万里牛の新鮮なもつを使用 プリプリの肉は旨みも豊か

福岡の老舗焼肉店が手がけるもつ鍋専門店。グループ10店舗のスケールメリットを生かし、ブランド牛・伊万里牛の新鮮なもつを仕入れて使っている。ゆえに肉質はプリプリ、旨みも豊か。伝統的な醤油味や人気の塩テール味など、6種類の味がある。

☎092-739-8245
㊟福岡市中央区西中洲2-17
⏰16:00〜23:30(LO23:00) 休無休
🚃地下鉄・中洲川端駅から徒歩6分 Pなし

慶州もつ鍋
塩テール味 1人前
1850円(写真は2人前)
新鮮もつにあっさり塩味のテール、スープが絡まり、至福の味
スープ 塩テール

予約 望ましい
予算 D 3000円〜

↑塩テール味はニラをはじめ、玉ネギやゴボウなどが入る

↑サイドメニューも充実。牛テールの塩焼き1100円は特に人気

↑席は1階と2階があり有名人も多く来店

水炊き 1人前 4785円
コースは6600円から。ゴマサバなどもあり、遠方の客をもてなすのにいい
スープ 九州産の丸鶏の白濁スープ

とり田 薬院店

とりでんやくいんてん

薬院 **MAP** 付録P.10 B-2

ジューシーで旨みたっぷり
鶏肉の鮮度に大いに自信あり

鶏は九州産の鮮度のいいものだけを贅沢に使用し6時間炊き上げたスープが店の自慢。まずはスープから味わいたい。鶏肉はジューシーで旨みにあふれ、やわらかい。

☎092-716-2202
🏠福岡市中央区薬院2-3-30 🕐17:00(土・日曜11:30)〜23:00(LO21:30) 休不定休
🚇地下鉄・薬院大通駅から徒歩3分 Pなし

予約	要
予算	Ⓛ1000円〜 Ⓓ5000円〜 ※コース料理以外は別途 お通し代550円

⬆カウンター席やテーブル席、個室の座敷などがあり、用途に応じて使い分けできる

➡薬院の裏路地、マンションが立ち並ぶ一角にある

食べる●福岡の王道グルメ

鶏の旨み 水炊き 濃厚で奥深い鶏のだし

水からていねいに炊くことで、鶏の旨みが溶け込んだ極上のスープ。
まずスープを味わって至福、こだわりの地鶏肉にまた至福の名物鍋だ。

博多の水炊き

明治時代後期、西洋料理のコンソメスープと中国料理の鶏スープをもとに考え出された。鶏ガラを「水から炊く」のが名の由来で、煮込むことで鶏の旨みが余すところなく抽出・凝縮される。コラーゲンもたっぷりのやさしい味わい。

「とり田 薬院店」の水炊き

鶏肉 一般的に骨付きのぶつ切り肉やもも肉が使われる。スープには味をつけないので、ポン酢でいただくのが基本。つみれやつくねも入る店が多い。

スープ 長時間炊いた白濁したスープか、短時間で一気に炊く透明なスープかに大別できる。具を入れる前にスープのみをまず味わうのが地元のルール。

野菜・具 キャベツか白菜、春菊にシイタケやエノキなどたくさんの野菜や豆腐が入る。煮込み加減は食材に応じて。鶏肉同様、ポン酢で味わう。

博多味処 いろは
はかたあじどころ いろは

川端周辺 **MAP** 付録P.7 F-2

**数多くの有名人からも愛される
コクと旨みたっぷりの老舗の味**

昭和28年(1953)創業。皮はプリプリ、肉と脂の旨みがしっかりとした九州産の赤鶏を使う。最初にコクがある鶏の白濁スープを柚子胡椒と塩で味わい、玉ネギの甘みがアクセントの鶏ミンチ(1人前150g)と身離れのいい鶏肉などは特製ポン酢で。

☎092-281-0200
新福岡市博多区上川端町14-27 いろはビル
🕐18:00～22:00(LO、日曜は～21:00LO)
🈳月曜、3～9月に月1回火曜
🚃地下鉄・中洲川端駅から徒歩5分 ⓟなし

**水炊き
1人前 5500円
（写真は2人前）**
スープが薄くならないよう具材はキャベツを中心に豆腐、くずきり、エノキ、ホウレン草。締めのおじや、またはちゃんぽん付き
| スープ | 九州産の赤鶏のスープ |

| 予約 | 要 |
| 予算 | Ⓓ6500円～ |

⬆テーブル席、個室、大座敷があり、一人でも大人数でも楽しめる

⬆1階壁面には来店した各界の著名人のサインがビッシリと並ぶ

⬆特製ミンチは店の人が鍋に加えてくれる

水たき料亭
博多華味鳥 中洲本店
みずたきりょうてい はかたはなみどり なかすほんてん

中洲 **MAP** 付録P.7 E-2

**じっくり炊き出した
白濁の鶏ガラスープでいただく**

博多の銘柄鶏「華味鳥」が味わえる水炊きの店で、旨みと適度に弾力のある鶏肉が特徴だ。旨みが溶け出した濃厚なスープがたまらない。唐揚げやつくねなど一品料理も充実し、落ち着いた店内でくつろいだ時間を過ごせる。

☎092-263-0322
新福岡市博多区中洲5-4-24 トリゼンビル1～5F 🕐17:00～23:00(LO22:00) 日曜、祝日17:00～22:00(LO21:00) 🈳無休
🚃地下鉄・中洲川端駅から徒歩5分 ⓟなし

| 予約 | 可 |
| 予算 | Ⓓ5000円～ |

**華味鳥水たき
1人前 3500円**
写真は華コース5000円。前菜、小鉢や締めの雑炊（またはちゃんぽん）、デザートまで揃ったコースがおすすめ
| スープ | 博多華味鳥の旨みが凝縮した白濁スープ |

⬆華味鳥生ハムとたたきの盛り合わせ1380円

⬆気軽なテーブル席から接待にも使える個室まで、多様な席が揃う

⬆店舗は中洲の一等地に建つ

鶏の旨み 水炊き

89

↑スタッフの細やかな気配りも人気の秘密

"個性"と"技"
ラーメン

新旧の名店が
しのぎを削る

スープに麺、そして具。各店が工夫と手間ひまを重ねに重ね
完成させた自慢の一杯は、どれも勝るとも劣らぬ究極の味だ。

福岡のラーメンの基本

もとは忙しい市場関係者向けに
作られたもののため、すぐ茹で
上がる極細麺を使う。そのため
のびやすく、他地方に比べ一杯
の量を少なくし、大盛りではな
く麺だけを"替え玉"として追加
する。麺の固さを「かため」「や
わめ」など注文
できるのも特徴
（表現は店によ
り異なる）。

●スープ

白濁した豚骨スープが代名詞。
濃厚なイメージがあるが、全国
展開したチェーン店の影響が強
く、本来はもっとあっさりして
いるといわれる。近年は鶏ガラ
や魚介でスープをとる人気店も
登場している。

博多一双 博多駅東本店
はかたいっそう はかたえきひがしほんてん

博多駅周辺 **MAP** 付録P.5 E-3

ふんわりトロリの極上豚骨スープ

2012年のオープン以来、高い人気を誇
る店。豚骨がホロホロになるまで炊き
旨みを引き出すスープは、ファンから
「豚骨カプチーノ」と呼ばれる濃厚かつ
なめらかな味わい。スープとの相性ぴっ
たりの歯ごたえのある平打ちの細麺は、
替え玉する人続出のおいしさ。

☎092-472-7739
🏠福岡市博多区博多駅東3-1-6
🕐11:00～24:00（スープがなくなり次第終了）
休不定休　博多駅から徒歩7分　Pなし

↑ツルツルとしなやかな麺
は試行錯誤したオリジナル

ラーメン 800円

スープに合わせるのは福岡
県産醤油をベースにしたタ
レ、具材はタレで味付け
したチャーシュー、たっ
ぷりのネギ、キクラゲ、
海苔

↑豚骨スープを使った焼きめしも人気

名島亭 博多デイトス店
なじまてい はかたデイトスてん

博多駅周辺 **MAP** 付録P.15 E-2

福岡市東区の名店の味を博多駅で

昭和62年（1987）の創業。以来、多くの
ファンを生み、今や福岡を代表するラー
メン店のひとつになった。その支店で、
築炉釜という羽釜で作るまろやか、か
つあっさりとした味わいの豚骨スープ
が楽しめる。

☎092-413-2020
🏠福岡市博多区博多駅中央街1-1博多デイトス
2F博多めん街道内　🕐10:00～23:00
休博多デイトスに準じる　博多駅直結
PJR博多シティ提携駐車場利用

築炉釜出しとんこつラーメン 850円

スープは、創業以来のものを継ぎ足しながら2日以
上をかけて羽釜で作る。麺はコシの強い細麺

↑店内は広々。落ち着いてラーメンが楽しめる

博多らーめん
Shin-Shin 天神本店
はかたらーめん シン-シン てんじんほんてん

天神周辺 **MAP** 付録 P.6 C-3

著名人からも愛される超人気店

屋台叩き上げの技と心意気で作るラーメンが評判で、来福タレントをはじめ多くの著名人がなじみの店として名を挙げる。とりわけ国産中心の豚骨に佐賀県産銘柄鶏「ありたどり」のガラ、香味野菜を合わせたスープは絶品で、雑味のない純粋な旨みを堪能することができる。

☎092-732-4006
📍福岡市中央区天神3-2-19 🕐11:00～翌3:00（LO30分前）🈳水曜、第3火曜 🚉地下鉄・天神駅から徒歩6分 🅿なし

煮玉子入りらーめん 890円

チャーシュー、キクラゲ、ネギが入った基本のらーめん（760円）にとろ～り煮玉子を追加。麺は福岡でも極細といわれる約1.2mm。こしがあり、喉ごしも良い

⬆オープンキッチンのカウンターのほか、テーブル席を設置している。一品料理も多く居酒的にも利用できる

⬆博多屋台の定番料理「焼きらーめん」も味わえる。1皿920円、明太子とスープをからめた「明太焼きらーめん」は960円

⬆昼どきを中心に行列ができない日はない人気店

博多だるま 総本店
はかただるま そうほんてん

春吉周辺 **MAP** 付録 P.11 E-1

昭和38年（1963）から続くラーメン

鉄の羽釜で長時間炊き上げる「呼び戻し製法」の豚骨スープと、厳選した小麦粉を使用し、自家製麺した極細ストレート麺の相性が抜群。

☎092-761-1958
📍福岡市中央区渡辺通1-8-25 🕐11:30～翌1:00（LO24:30）🈳無休 🚉地下鉄・渡辺通駅から徒歩5分 🅿なし

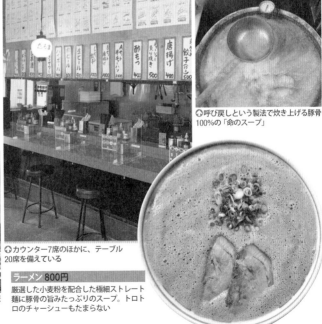

⬆呼び戻しという製法で炊き上げる豚骨100%の「命のスープ」

⬆カウンター7席のほかに、テーブル20席を備えている

ラーメン 800円

厳選した小麦粉を配合した極細ストレート麺に豚骨の旨みたっぷりのスープ。トロトロのチャーシューもたまらない

⬆子どもから年配まで幅広い客層に支持される老舗。席数27

独特な食感の うどん

だし汁にこだわる「博多うどん」

博多のうどんは、すぐ提供できるよう茹で置きされたやわらかい麺と、透き通った上品なつゆが絶妙だ。

ごぼう天うどん 650円
トッピングは薄切りゴボウをカラリと揚げた天ぷら。からし明太子うどん950円も人気

↑「角のうどん」を博多弁で発音した言葉が店名となっている

↑だしのいい香りに満ちた店内。混んでいるときは相席

かろのうろん

川端周辺 **MAP** 付録P.8A-3

吟味した羅臼昆布をふんだんに使い、いりこ、カツオ節を加える香り高いだし汁に自家製のふっくらとした麺を合わせれば、やさしい老舗の味となる。

☎092-291-6465
所福岡市博多区上川端町2-1
営11:00〜18:00（麺がなくなり次第終了）
休火曜（祝日の場合は翌日）
交地下鉄・祇園駅から徒歩5分 Ｐなし

140年以上愛される名物うどん

博多あかちょこべ

はかたあかちょこべ

川端周辺 **MAP** 付録P.8A-2

うどん発祥の地・博多の古の麺をイメージした自家製麺は胚芽を加え、もっちりツルリ。日本料理の技を基本に引いただしは上品で奥深い味わい。

☎092-271-0102
所福岡市博多区冷泉町7-10
営11:30〜14:00 18:00〜23:30
（LO23:00）休土・日曜、祝日、ほか不定休あり 交地下鉄・祇園駅から徒歩6分 Ｐなし

↓昼はうどんがメイン、夜は居酒屋

元祖キーマカレーうどん 780円
まずはそのまま味わい、次に特製あげ玉と、最後にだし汁をかけて3度おいしいうどん

独創性にあふれた新感覚うどん

木屋

きや

川端周辺 **MAP** 付録P.8A-2

カツオ節を中心にていねいにとっただしはバランスのいい味。生地を一晩寝かせ打った細めの麺は、やわらかいがツルツルッとした喉ごしが楽しめる。

☎092-291-6758
所福岡市博多区冷泉町2-34
営11:30〜15:00 17:00〜22:00
土曜11:00〜18:00 祝日11:30〜15:00 休日曜 交地下鉄・祇園駅から徒歩2分 Ｐなし

ごぼう天うどん 630円
千切りのゴボウを揚げた天ぷらは食べすすむうちに麺、だし汁と一体となっていっそう美味

↑昭和元年（1926）創業。昼はうどん定食730円が人気

手間を惜しまない仕事が伝わる老舗

食べる●福岡の王道グルメ

福岡で愛される 一口餃子

極薄の皮に包まれた餃子

戦後まもなく誕生した、皮が薄くパリッとした味わいの焼き餃子。飲んだあとの締めにも人気だ。1人で2～3人前はペロリ。

↑店内は昔懐かしい雰囲気

焼餃子 1人前 380円
創業当初から変わらない味。ラー油も胡椒もつけずに食べるのが特徴(写真は2人前)

↑手羽先1本100円。餃子以外のメニューは塩の効いた手羽先のみ

屋台で生まれ60年以上続く味

旭軒 駅前本店
あさひけん えきまえほんてん
博多駅周辺 **MAP** 付録 P.14 C-2

昭和29年(1954)創業。毎日5000～6000個を手作りする餃子専門店。野菜を半量になるまで水切りし、肉やシイタケ、味噌など独自の配合で味付け。0.3mmの皮で包み、鉄板で蒸し焼きしてカリッと仕上げる。

☎092-451-7896
所福岡市博多区博多駅前2-15-22 営15:00～23:30
休日曜(月曜が祝日の場合は営業、月曜休)
交博多駅から徒歩4分 Pなし

鉄なべ 中洲本店
てつなべ なかすほんてん
西中洲 **MAP** 付録 P.7 E-3

餃子は鉄鍋で焼き、最後にゴマ油で香りづけしてアツアツのままテーブルへ。餃子以外に刺身や博多ならではのメニューも多く、居酒屋感覚で利用できる。であい橋店もあり。

☎092-725-4688
所福岡市中央区西中洲1-5
営17:00～翌3:00(日曜は～23:00)
休祝日 交地下鉄・天神南駅から徒歩5分 Pなし

焼き餃子 1人前 539円
豚肉、ニラ、にんにくなどを使った餃子。オリジナルのタレで味わって(写真は3人前)

↑1階はカウンター席。2階はテーブル席と座敷がある

サイドメニュー豊富な「鉄なべ」の店

宝雲亭
ほううんてい
中洲 **MAP** 付録 P.7 F-3

昭和24年(1949)創業。3世代にわたって愛され、懐かしそうに訪れる転勤族の姿も。にんにくは使わず、薄力粉、中力粉の皮で包むため、肉の風味がありながらあっさりした味わい。女性にもおすすめ。

☎092-281-7452
所福岡市博多区中洲2-4-20 営17:30～23:00(LO22:30) 休月曜 交地下鉄・中洲川端駅から徒歩4分 Pなし

一口焼餃子 10個600円
焼餃子は柚子胡椒で。よりジューシーな味わいの黒豚焼餃子(10個660円)もある

↑店は中洲の歓楽街近く。店内は広くてシンプル

にんにく不使用で女性にも人気

魅力的な店主と客同士のふれあいが粋

人情味あふれる名物屋台の夜

福岡の夜に欠かせないものが、日が沈むと街角に立ち並ぶ屋台の文化。
店主の人柄と工夫に満ちた料理、客同士の一期一会の交流を楽しみたい。

人気グルメ漫画にも登場
珍しいカクテル専門屋台

博多屋台バー
えびちゃん

はかたやたいバーえびちゃん

天神周辺 **MAP** 付録P.7 D-2

福岡で唯一のカクテル専門の屋台バ
ー。客の好みに合わせて作るカクテル
は軽く100種類を超え、料理も充実。
福岡の観光やおすすめのみやげを教え
てくれるなど、2代目夫婦との会話も
魅力的だ。

☎090-3735-4939
⊕福岡市中央区天神4 昭和通り 日本銀行福
岡支店前 ⊗19:00〜翌1:00(LO翌0:30)
⊗不定休 ⊗地下鉄・天神駅から徒歩3分

↑20年以上営業を続けた場所から移転し、
心機一転、新たにスタート

←「オイシー」という
名のオリジナルカク
テル990円

←カマンベールチー
ズのマーマレード焼
き990円が人気

↑ぎっしり並ぶ酒類が普通の屋台と違い、独特の雰囲気

←漫画家・う
えやまとちが
描く先代の似
顔絵がコース
ターに

予約 不可
予算 2300円〜
※チャージ400円
(つまみ付き)

女将との会話が楽しい
那珂川沿いの人情屋台
司
つかさ

中洲 **MAP** 付録P.7 F-3

中洲を流れる那珂川沿いにある老舗屋台。名物の自家製辛子明太子の天ぷらをはじめ、特製味噌を使う味噌ホルモンなど、一品料理が多彩に揃っている。女将との会話を楽しみに通っている常連も多い。

🏠非公開 📍福岡市博多区中洲 春吉橋南那珂川沿い
🕐18:00～翌1:00 休不定休
🚇地下鉄・中洲川端駅から徒歩10分

予約	不可
予算	2000円～

⬆屋台を営んで35年以上。福岡の屋台のなかでも老舗だ

⬆ケースの中は串焼きの材料がズラリ。串4本セット900円

⬆しそがポイントの自家製辛子明太子の天ぷらは1000円

⬆国産和牛の丸腸のみを使ったもつみそ1300円

オリジナリティあふれる
創作鉄板料理を味わって
博多っ子純情屋台 喜柳
はかたっこじゅんじょうやたい きりゅう

天神周辺 **MAP** 付録P.13 F-3

博多っ子の店主や常連客との会話が楽しめる、アットホームな雰囲気の屋台。太宰府名物の梅ヶ枝餅をアレンジしたモチモチぎょうざをはじめ、鉄板焼を中心とした約80種ものメニューが揃っている。

☎090-9721-9061
📍福岡市中央区天神1 大丸福岡天神店前
🕐18:30～翌3:00(LO翌2:00)
休不定休
🚇地下鉄・天神駅から徒歩3分

予約	不可
予算	2000円～

⬆店主の迎敬之氏。手際よく調理する姿につい見とれてしまう

⬆アンチョビキャベツ650円など、季節替わりのメニューも登場する

⬆渡辺通り沿いに建つ大丸福岡天神店の前。黄色い看板と暖簾が目印

⬅特注の鉄板でパリッと焼いたモチモチぎょうざ650円

行列覚悟で食べたい
焼きラーメン発祥の屋台
小金ちゃん
こきんちゃん

天神周辺 **MAP** 付録P.12 C-1

福岡屋台の名物となっている焼きラーメンを求め、連日大勢の客で賑わう。豚骨ラーメンのスープと濃厚ソースで炒める焼きラーメンは、どて焼き(牛スジの味噌煮)の煮汁をかけてコクを出している。

☎090-3072-4304
📍福岡市中央区天神2 天神三井ビル裏 ホテルモントレ・ラ・スール前 🕐月・火・水曜18:15～24:00(LO)、金・土曜は～翌1:00(LO)
休木・日曜 🚇地下鉄・天神駅から徒歩5分

予約	不可
予算	1500円～

⬅しっかりと味が染み込んだおでん各150円は夏場も食べられる

⬆舞鶴1丁目交差点側、親不孝通りのそばに構える

⬆焼きラーメン820円は創業と同年の昭和43年(1968)に誕生

屋台のハウツー

屋台は通常の飲食店とは大きく異なる点が多い。現地で戸惑わないよう、基本知識のおさらいを。

おおまかに3つの地域に集まっている
屋台のある主なエリア

近年、市の条例で出店場所の再配置が行われ、場所移転した屋台も多いので、久しぶりに再訪する人は注意したい。

天神周辺
昭和通り沿いと舞鶴1丁目付近、大丸近くの渡辺通り沿いに屋台が集まる。繁華街らしく若者も多く訪れ、アクセスが便利なので観光客にも人気のエリアだ。

写真提供:福岡市

中洲
中洲1丁目の那珂川沿いと春吉橋付近、昭和通り沿いに屋台が移転・集約されて、屋台街らしい風情が楽しめる。落ち着いた大人の雰囲気の店が多い。

↑昼間でも雨でも楽しめる複合屋台施設の中洲二丁目屋台
写真提供:福岡市

長浜
2016年2月に全屋台が長浜鮮魚市場のすぐ横に移転完了し、付近には公衆トイレも新設されている。代名詞の長浜ラーメンの屋台が中心。

♥ Words
長浜ラーメン
長浜の屋台発祥の極細麺と豚骨スープのラーメンで、今も多くの屋台で提供してくれる。

屋台で満足な思い出をつくる
屋台を楽しむために

●定休日、天気予報の確認を
店ごとに休みが異なり、荒天時は臨時休業になることが多い。目当ての店があるなら事前に確認するようにしたい。

●料金表がある店が安心
屋台のメニューはどれも魅力的で、あれもこれもと頼んでしまい高くつくことも。料金表を表示している店が安心だ。

●おすすめの時間帯は19〜21時
市の屋台指導要綱で屋台設営は17時からとなっており、19時前後の開店が多い。21時を過ぎると2軒目として立ち寄る客で混雑するので、その前に入店したいところ。

●屋台に来店する際の注意
屋台のスペースはあまり広くないため、少人数で訪れたい。トイレは公衆トイレのみなので来店前に済ませるように。

●注文に気配りを忘れずに
店主の手は限られており、一度に大量に注文するのはほかの客にも迷惑。また、グループで来店して1品のみ分け合うのもマナー違反なので、最低でも1人1品は注文するように。

●客同士の譲り合いと語り合いは屋台ならでは
他人同士が肩を並べて、席を詰めたり注文の順番を譲り合ったり、そこから生まれるコミュニケーションも屋台の醍醐味。粋な店主も交えて話に花を咲かせれば、心に残る楽しい屋台の思い出になるだろう。

長浜鮮魚市場　須崎公園　東中島橋
那の津通り　渡辺通り　西中島橋　中洲川端駅
長浜　大正通り　**天神周辺**　地下鉄空港線　**中洲**
赤坂駅　昭和通り　天神駅　春吉橋
明治通り　西鉄福岡(天神)駅　那珂川
天神西通り　天神南駅
警固公園　博多川
国体道路

食べる●福岡の夜

日本酒から焼酎、変わり種まで逸品揃い

うまい酒を探す

地元はもちろん、九州各地の地酒も集まる福岡。
豊富な品揃えからお好みの味を見つけたい。

↑オリジナル枡で日本酒4種を回し飲みして飲み比べる、
住吉酒販の角打ち

A 水鏡
澄みわたり香ばしく軽やかで、通にはもちろん女性にもおすすめの芋焼酎
●720㎖ 3465円

A 花の露 nonal
やさしくなめらかな味わいであっという間に「のーなる（なくなる）」、住吉酒販限定の特別純米酒
●720㎖ 1760円

田中六五
クセがなくすっきり、料理を引き立てる。福岡で大注目の純米酒
●720㎖ 1859円

B 明るい農村
（黄金ハツダレ）（左）
（赤芋ハツダレ）（右）
芋焼酎の蒸留過程で順にとれる「初垂れ」「中垂れ」「末垂れ」のうち、最初にとれる「初垂れ」はアルコール度数が高く、焼酎の旨みがぎっしり
●各300㎖ 3000円

B 侍士の門（芋焼酎）
侍士の会限定の焼酎。げんち唐芋、白玉米というなかなか手に入らない原料で造った最高の焼酎
●720㎖ 2450円、
1.8ℓ 3980円

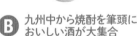

B ボンタンアメのお酒
鹿児島で長年愛される「ボンタンアメ」とコラボしたリキュール。柑橘味のどこか懐かしい味わい
●500㎖ 1426円

**A 博多駅直結の立地も魅力
角打ちも楽しんでお酒探し**

住吉酒販 博多デイトス店
すみよししゅはん はかたデイトスてん

博多駅周辺 **MAP** 付録P.15 E-2

「九州の酒と食」をテーマに、バラエティ豊かな九州の酒を取り揃えて酒文化を発信。角打ち（立ち飲み）コーナーもあり、九州食材のアテと九州の器で酒屋らしい飲み比べも楽しめる。

☎092-473-7941
🏠福岡市博多区博多駅中央街1-1 デイトス1F みやげもん市場
🕐8:00～21:00（角打ちは20:00）
🈺無休
🚉博多駅直結
🅿JR博多シティ
提携駐車場利用

**B 九州中から焼酎を筆頭に
おいしい酒が大集合**

九州逸品倶楽部 九州焼酎蔵
きゅうしゅういっぴんくらぶ きゅうしゅうしょうちゅうぐら

川端周辺 **MAP** 付録P.7 E-2

焼酎や酒はもちろん、ほかにも九州各地のこだわりの逸品をひとつひとつ吟味。生産者から直接買い付けたジャムやハチミツなど調味料から菓子まで、豊富に取り揃える。

☎092-282-0115
🏠福岡市博多区下川端町3-1 博多リバレインB2
🕐10:00～19:00
🈺無休
🚉地下鉄・中洲
川端駅直結
🅿博多リバレイン駐車場利用

↑穏やかな雰囲気の店は「どんきむ」の愛称で親しまれる。席数15

うどんにこだわる地の新しいスタイル

気取らずに味わう うどん居酒屋

福岡の街に次々と登場し注目を集める「うどん居酒屋」。専門店としてこだわり抜かれたうどんは、酒のお供にも締めにも人気。多種多彩なおつまみ料理から、好みの肴で楽しめるのもうれしいところ。

ていねいな仕事を感じる料理と
昼間からゆっくり飲める幸せ

うどん杵むら
うどんきむら

薬院 MAP 付録P.10 B-2

1998年創業。味のバランスのとれたつゆ、注文が入ってから茹でるもっちりシコシコの手打ちうどんをメインに、お酒に合う肴も多数。どこか懐かしい内装と調度品が心地よさを演出し、お酒がすすむ。

☎092-714-2323
所福岡市中央区薬院2-14-28 アデカッツビル2F 営11:30～15:00 17:30～22:00(LO21:30) 土・日曜、祝日11:30～15:00 17:30～22:00(LO21:30) 休月曜(祝日の場合は翌日)、第3火曜 交地下鉄・薬院大通駅から徒歩4分

予約 可
予算 L 900円～
　　 D 2000円～

→約5時間煮込む牛すじ煮込み600円と日本酒1合730円

↑塩分を控えた白味噌を使う人気のごま味噌うどん930円

↑ カウンター上にはメニューがずらり。どれにしようか迷ってしまう

おいしい香りと活気に包まれ
締めはコシのあるうどんで決まり

二◯加屋 長介
にわかや ちょうすけ

薬院周辺 **MAP** 付録 P.10 C-3

路地裏にありながら連日多くの客で
賑わう。旬の食材を使ったメニュー
が10種類以上あり、定番メニューは
刺身、肉、野菜、揚げ物など50種類
以上。自慢の手打ちうどんは、小盛
りや半分の量にも対応してくれる。

☎ 092-526-
6500
🏠 福岡市中央区薬
院3-7-1
🕐 16:00〜翌1:00
(LO24:00)
📅 火曜、ほか月2
回不定休
🚇 地下鉄・薬院大
通駅から徒歩5分
🍴 分厚い雲仙ハム
カツと日本酒(冷
酒)正1合

予約
望ましい
予算
D 3000円〜

↑ 鶏スープあつかけうどん。麺は糸島地粉100%

7〜8月のデセール
桃のスープ 1485円
福岡県八女、岡山、山梨など、その時季に最もおいしい桃を贅沢に使った上品な一皿

食べる ● カフェ＆スイーツ

グルメタウンはスイーツもよりどりみどり

優雅にひと息
スイーツタイム

おいしいもの揃いの福岡ではスイーツもハイクオリティ。
人気のカフェや洋菓子店で、自慢のスイーツメニューを堪能したい。

ショップでもマロンパイ（8月末〜12月中旬）453円など季節限定菓子は人気

九州産のフルーツを中心に
季節限定のスイーツが絶品

フランス菓子16区

フランスがしじゅうろっく

薬院周辺 **MAP** 付録P.10 B-3

昭和56年（1981）創業。白を基調にした清潔感あふれる店内には、お菓子の甘く香ばしいかおりが漂う。2階の喫茶コーナーでは、ここでしか味わえない厳選果物の持ち味を最大限に生かしたデセール（デザート）を味わいたい。

☎ 092-531-3011
所 福岡市中央区薬院4-20-10
営 10:00〜18:00（喫茶コーナーは〜17:00）
休 月曜（祝日の場合は翌日）
　喫茶コーナーは月・木曜（祝日の場合は営業）、12月 交 地下鉄・薬院大通駅から徒歩4分
P 14台

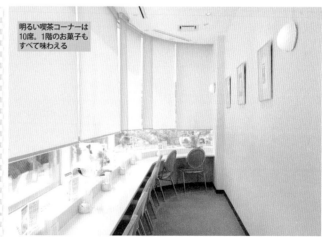

明るい喫茶コーナーは
10席。1階のお菓子も
すべて味わえる

上質の素材を使ったお菓子を高級感あふれる空間で味わう

Jacques 大濠店
ジャック おおほりてん

大濠公園周辺 **MAP** 付録P.4 A-2

フランスの名店などで研鑽を積んだ大塚良成シェフが生み出す、繊細で彩り鮮やかなお菓子が並ぶ。喫茶室では、定番のフロマージュクリュ600円やマロンロワイヤル600円などを楽しむことができる。※2023年11月現在イートインは休止中

☎092-762-7700
🏠福岡市中央区荒戸3-2-1 🕙10:00〜
12:20 13:40〜17:00 🈔月・火曜 🚉
地下鉄・大濠公園駅から徒歩5分 🅿なし

大濠公園にほど近く、西公園参道沿いに建つシックな店

手入れが行き届いた坪庭を眺めながらゆっくり過ごすことができる

ジャック490円
バニラが香るキャラメルムースと洋梨のムースが絶妙に調和する店名を冠したケーキは、紅茶との相性も抜群

閑静な住宅街にある茶房。選び抜いた食材を使うメニューも充実

極上パンケーキで憩う くつろぎのカフェレストラン

白金茶房
しろがねさぼう

薬院周辺 **MAP** 付録P.11 E-3

緑のアプローチを抜けると心地よい空間が広がる。スイーツの人気は特製パンケーキ(季節により変更の可能性あり)。くるみあんバター1450円やキャラメルナッツ1350円のほか、サラダやパスタも提供している。

☎092-534-2200
🏠福岡市中央区白金1-11-7 🕙8:00〜
17:30(LO16:30) 土・日曜、祝日8:00〜
18:30(LO17:30)
🈔無休 🚉地下鉄／西鉄・薬院駅から徒歩8分 🅿近隣に提携駐車場あり

クラシックパンケーキ
750円
福岡県産小麦100%に石臼中挽き全粒粉を加え、風味豊かな独特の食感に

大きな書棚には書籍や雑誌が用意されているので一人客も多い

緑を眺めながらスイーツや食事が楽しめる。1階、中2階、2階合わせて35席

101

福岡の老舗喫茶で憩う

大都会の片隅、昭和レトロな空間が出迎えてくれる人気の純喫茶

発展していく都市の歴史を見守ってきた老舗の喫茶店たち。一歩足を踏み入れると外界から切り離された
ゆるやかな時間がそこに。街の人々に愛され続けるくつろぎの世界で、コーヒーを楽しみながらひと休み。

食べる ● カフェ&スイーツ

1.クラシック音楽が流れ、絵画や写真が飾られた店内は全50席　2.大博通りから1本入った静かな通りの角に建つ、洋館を思わせる店　3.濃厚なコーヒーと生クリームのカフェ・ヴィエンナ620円　4.洋食で一番人気はミンチカツ1500円。サラダ、ミニコーヒー付き

1.歴史を刻んだ椅子やテーブル、アンティークの調度品が雰囲気を醸す　2.かき氷機で作るミルクセーキ600円はシャリシャリしてやさしい甘さ　3.音楽はジャズが中心。メニューもLPレコードに書かれている　4.麦焼酎・獏の夢550円をはじめアルコールやフードメニューも多数

1.カウンター席は店の中にもうひとつ店があるような凝った造り　2.ウェッジウッドをはじめ有田焼などのカップコレクションが並ぶ　3.創業以来人気の濃厚な手作りチーズケーキセット850円　4.サイフォンで淹れるコーヒーはウェッジウッドのカップで提供

福岡最古のカフェの自慢は自家焙煎コーヒー

CAFÉ ブラジレイロ
カフェ ブラジレイロ

川端周辺　**MAP** 付録P.8 A-1

昭和9年(1934)、東中洲に誕生。オーナー一中村好忠さんが自家焙煎する香り高くまろやかで後味のいいコーヒーを求め、客が絶えない。オムライス、ミンチカツ、ハンブルグステーキなど洋食も売り切れ御免の人気。

☎092-271-0021
所福岡市博多区店屋町1-20
時10:00～19:00　休日曜、祝日
交地下鉄・呉服町駅から徒歩3分　Pなし

アートと音楽とともにゆっくりとまったりと過ごしたい

屋根裏 獏
やねうらばく

天神周辺　**MAP** 付録P.12 B-1

創業昭和47年(1972)。ビルの階段を上ると、店名どおり屋根裏を思わせる木をふんだんに使った、味のある空間が広がる。オーナーの小田律子さん夫妻は芸術にも造詣が深く、アートスペースが併設され、より豊かな時間が流れる。

☎092-781-7597
所福岡市中央区天神3-4-14 2F　営11:00～22:00(アートスペース～20:00)　休無休
交地下鉄・天神駅から徒歩5分　Pなし

静かなたたずまいの知る人ぞ知る喫茶店

COFFEE HOUSE ロジン
コーヒーハウス ロジン

西中洲　**MAP** 付録P.7 E-4

昭和48年(1973)創業。交通量の多い国体通り沿いながら、店に一歩入ると中が静かに流れる。11時まではモーニングセット750円が味わえ、オープンキッチンで調理されるナポリタン850円をはじめとするフードメニューも好評。

☎092-741-8288
所福岡市中央区西中洲11-6
時9:30～17:30　休日曜
交地下鉄・天神駅から徒歩6分　Pなし

買う

持ち帰ると
福岡の心と味が
蘇ってくる

伝統と革新が融合し、進化を続ける
工芸品に作り手の心意気を感じる。
暮らしを上質にする逸品に出会いたい。
グルメ都市らしく、味みやげも多彩で、
定番の明太子ひとつ選ぶのも楽しい。
福岡市民にはおなじみとなっている
お菓子、調味料、お茶も魅力的だ。

⬆️帯から服飾雑貨や文具まで約200種類の商品が並ぶHAKATA JAPAN

伝統の技と誇り、時代に合わせた感性が生きる工芸品たち

メイド in 福岡を手に入れる

HAKATA JAPAN

ハカタ ジャパン
川端周辺 **MAP** 付録P.7 E-2

絹糸が織りなす独自の意匠を
スタイリッシュに楽しむ

昭和3年(1928)創業の織元の直営店。緻密で上質、丈夫な博多織を世界に通用するウェアやバッグ、小物などオリジナルデザインのアイテムで提案している。伝統柄から新しいテキスタイルまで博多織の今にふれることができる。

☎092-263-1112
🏠福岡市博多区
下川端町3-1
博多リバレインB2F
🕐10:00〜19:00
🈺博多リバレイン
モールに準ずる
🚇地下鉄・中洲川端
駅直結 🅿博多リバ
レイン駐車場利用

博多織
(はかたおり)
約780年の歴史を誇る絹織物で、国が指定した伝統工芸品

⬆️プレゼントに人気が高い絹100％の博多織の名刺入れ各3300円

⬆️職人の手工芸により立体的な折り鶴ストラップにした博多織鶴各1650円

⬇️旅行時のサブバッグとしても活躍するサコッシュ1万1000円。ショルダーのひもをはずすとポーチとして使える

←↑手描きの鶴亀コースター1200円（左）、松竹梅コースター1000円（右）。飾っておくだけでも愛らしい

←数々の賞に輝いた福岡の名工の作品に出会える

博多曲物
（はかた まげもの）
杉やモミの一枚板を曲げ、桜の皮で綴じ合わせる伝統の技

←角二段弁当箱（小）4800円。同じサイズで一段の弁当箱3500円もあり

←釣り手付き花入れ（大）5500円。シンプルで美しいフォルムは空間に映える

柴田徳商店
しばたとくしょうてん
筥崎宮周辺 **MAP** 付録P.3 F-2

木目と曲線が美しい職人技は400年受け継がれる工芸品

博多曲物、柴田徳商店の工房兼ギャラリーには、生活雑貨から茶道具まで200種類以上の博多曲物が並ぶ。なかでも手ざわりがよく実用性に富んだ弁当箱は人気で、使い込むほどに愛着が湧くこと間違いなし。

☎092-651-0470
所福岡市東区馬出2-22-22
営10:00〜17:00
休日曜、祝日
交地下鉄・馬出九大病院前駅から徒歩5分
Pなし

古来、貿易が盛んだった福岡では、博多商人がほかの地域や大陸で新たな技法を習得して持ち込むことがままあり、そこに創意工夫を重ねながら代々受け継ぐなかで伝統工芸へと昇華させた。伝統を守りながら常に新たなスタイルに挑戦することで作り出される、秀逸な工芸品に注目したい。

ながさわ結納店
ながさわゆいのうてん
川端周辺 **MAP** 付録P.8 A-1

さまざまな生活のシーンに合う心の込もった美しいかたち

こよりにさまざまな色を施した水引に命を吹き込むのは博多水引デザイナーの長澤宏美さん。100色以上の水引を使い、ボトルリボンやリースなどを作り出す。立体的で洗練されたデザインの水引細工は、お祝いのプレゼントに最適。

☎092-271-0813
所福岡市博多区上呉服町13-231
営10:00〜18:00（日曜、祝日は〜17:00）
休月曜
交地下鉄・呉服町駅から徒歩5分
Pなし

←創業約50年、博多の老舗結納店

←福岡のシンボル・梅の花をあしらった博多箸置き2個箱入り2640円

博多水引
（はかた みずひき）
博多の粋ともてなしの心、力強さを表現する手作りの細工物

←祝い結び（小）4400円。水引を結ぶと浄化され運気を呼び込むといわれる
←お酒やワインのボトルに掛けて、ワンランク上の演出を。ボトルリボン三つ梅箱入り2310円〜（左）、ボトルリボン扇梅箱入り4400円（中、右）

地元で人気の「こだわりの味」はおみやげにもぴったり
福岡の美味 グルメみやげ

地元の人も晶屓にしている、人気の美味が大集合。
素材や製法にこだわった極上の味の数々を持ち帰りたい。

A Les Clés
レクレ
赤坂周辺 MAP 付録P.4 B-3

ひと味違う自慢の「コンポチュール」
一般的なコンフィチュールとはひと味違う、素材や製法にこだわった新しいスタイルの「コンポチュール」を販売。

☎092-713-8370 ⑪福岡市赤坂2-2-1 高木ビル1F ⏰12:00〜20:00 ㉁不定休
🚇地下鉄・赤坂駅から徒歩5分 Ⓟなし

B Design with Tea Salon 博多マルイ店
デザイン ウィズ ティー サロン はかたマルイてん
博多駅周辺 MAP 付録P.15 D-3

さまざまな効能や味から選べる
高品質のハーブティーや健康茶を扱う専門店。お供に合う福岡県産のハチミツやお菓子もおすすめ。男性専用のハーブティーも。

☎092-577-1751 ⑪福岡市博多区博多駅中央街9-1 KITTE博多2F ⏰10:00〜21:00 ㉁無休
🚇博多駅からすぐ ⓅKITTE博多駐車場利用

C 西鉄グランドホテル ル プティパレ
にしてつグランドホテル ル プティパレ
天神周辺 MAP 付録P.12 B-2

老舗ホテルオリジナルの味を商品に
西鉄グランドホテル1階、ホテル伝統の洋菓子・パンをはじめ人気のオリジナル商品を販売。おみやげコーナーも充実。

☎092-781-0406 ⑪福岡市中央区大名2-6-60 西鉄グランドホテル1F ⏰10:00〜18:00
㉁無休 🚇地下鉄・天神駅からすぐ Ⓟ90台(有料)

D フランス菓子16区
フランスがしじゅうろっく
薬院周辺 MAP 付録P.10 B-3

名物菓子のダックワーズは必食
黄綬褒章を受章した三嶋隆夫氏がオーナーシェフの洋菓子店。テイクアウトはもちろん、喫茶コーナーも人気。

➡P.100

A コンポチュール
産地までこだわったフルーツや野菜から、素材本来の甘さやさまざまな味、香りを引き出して作る。各160g入り

B Can Tea
ハーブティーと琥珀糖、エディブルフラワーが入ったボックスセット1620円。ケースは2種類ある

B イケテル女性のハーブティー
女性特有の悩みにうれしいブレンド。リーフ50g1080円〜(ティーバッグ10パック950円〜もあり)

C ほたて醤
ホタテ、鮭、昆布などの旨みが凝縮されたXO醤系の食べる調味料。1本650円

C スイート ノワ クロワッサンブレッド
年輪をイメージしたサクサクのクロワッサン生地に、甘いクルミや木の実がマッチ。仕上げにきび砂糖をふりかけやさしい風味に。1斤1300円

D ブルーベリーパイ
朝倉市をはじめとする契約農家の完熟ブルーベリーを使用。3月末〜8月中旬限定、1個486円

G 博多ドラフト
1999年の創業時から、毎日職人が造り続けてきた自慢の商品化。ヴァイツェン、シェーンアルト、ダイコク(黒)の3種で各330㎖682円、各2本×3種のセット1箱4592円

D ダックワーズ
黄綬褒章受章の大きな理由となった、外がパリッ、中がフワッとした食感のオリジナル焼き菓子。2個×6袋入り3056円

F 煎り酒

江戸時代から続く万能調味料。刺身などのつけだれや煮物、和え物に◎。150mℓ604円

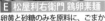
E 松屋利右衛門 鶏卵素麺

卵黄と砂糖のみを原料に、ごまかしのない職人の技と英知で作る卵菓子。1本入り2100円〜

E 松屋利右衛門 鶏卵素麺たばね

鶏卵素麺を求肥昆布で束ねており、口の中でほどける食感が特徴。12代利右衛門より続く銘菓。6個入り2800円〜

F 茅乃舎だし

焼きあご、カツオ節、うるめいわし、真昆布を粉末にした、本格的な和風だし。8g×5袋入り386円

あごだしめんたいこ うまくち

北海道産のたらこを、国産の焼きあごだしと合わせたからしだれに漬け込んだ。140g2376円〜

G 辛子めんたいこ

和食堂 山里オリジナルの辛子めんたいこは、塩気を控えつつ柚子胡椒で味と風味を引き立てた一品。1箱200g3240円

G 八女茶 お茶セット

八女の茶園と、ホテルの和食堂・山里の合作。ほうじ茶70gと煎茶70gのセット2916円

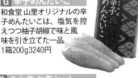

E 松屋利右衛門

まつやりえもん
桜坂周辺 **MAP** 付録P.4 B-4

日本三大銘菓「鶏卵素麺」の本家本元

初代利右衛門が350年以上前に生み出した「鶏卵素麺」。一子相伝の味と職人の技を守り続ける、13代松屋利右衛門の店。
☎092-406-9933 ㊟福岡市中央区桜坂3-12-81 桜坂山ノ手荘 ㊟13:00〜16:00(売り切れ次第終了) ㊟日・月曜、ほか不定休 ㊟地下鉄・桜坂駅からすぐ ㊿なし

F 久原本家 博多駅デイトス店

くばらほんけ はかたえきデイトスてん
博多駅周辺 **MAP** 付録P.15 E-2

「だし」にこだわる店の調味料

厳選された国産素材を使っただし・調味料ブランド「茅乃舎」や辛子明太子などの博多の美食「椒房庵」の商品を取り揃える。
☎092-412-8208 ㊟福岡市博多区博多駅中央街1-1 デイトス1Fみやげもん市場 ㊟8:00〜21:00 ㊟無休 ㊟博多駅直結 ㊿JR博多シティ提携駐車場利用

G Hotel Okura Fukuoka Pastry Boutique

ホテル オークラ フクオカ ペストリー ブティック
川端周辺 **MAP** 付録P.7 E-2

ホテルオリジナルビールに注目

日本でも珍しいホテル館内に備えたビール醸造所製のオリジナルビールや、ホテルメイドの商品の数々を販売する。
☎092-262-3585 ㊟福岡市博多区下川端町3-2 ホテルオークラ福岡1F ㊟9:00〜20:00 ㊟無休 ㊟地下鉄・中洲川端駅から徒歩4分 ㊿あり(2000円以上の利用で1時間無料)

人気の辛子明太子に注目

福岡みやげの定番のひとつが「辛子明太子」。なかでも地元の人のおすすめ商品をピックアップ。

やまや 美味博多織 無着色明太子

原料から一貫した自社製造にこだわり、厳選した柚子・唐辛子・羅臼昆布・お酒を使用する「匠のたれ」に168時間漬け込み熟成させた、深いコクとまろやかな辛さの辛子明太子。210g1944円

ふくや 博多明太子 ひとすじ

日本で初めて明太子を作った「ふくや」とおみやげ専門店銘品蔵がコラボ。たらこのおいしさを生かすためにシンプルな味付けに。辛口・中辛各100g1296円〜

明太子選びのアドバイスもうれしい

博多銘品蔵 デイトスグロサリーショップ

はかためいひんぐらデイトスグロサリーショップ
博多駅周辺 **MAP** 付録P.15 E-2

銘品蔵デイトス店とは別に、50種類もの品揃えから選べる明太子の専門店として出店。明太子だけでなくラーメンなども取り扱っている。
☎092-477-9972 ㊟福岡市博多区博多駅中央街1-1 デイトス1Fみやげもん市場 ㊟8:00〜21:00 ㊟無休 ㊟博多駅直結 ㊿JR博多シティ提携駐車場利用

107

豊富な品揃えから選ぶ逸品の数々
福岡の銘菓と雑貨をおみやげにする

おみやげの定番として外せない有名銘菓や、「これぞ福岡」とひと目でわかる印象的な雑貨アイテム。どれも喜ばれること間違いなしのラインナップだ。

買う／福岡みやげ

抜群の品揃えの銘菓と銘品
博多銘品蔵 博多口店
はかためいひんぐら はかたぐちてん

博多駅周辺 **MAP** 付録P.15 E-2

人気の定番銘菓に加え、店舗限定のコラボ商品も扱う充実した品揃え。新幹線改札内や博多デイトス(P.33)内にも出店し、おみやげ探しに大活躍。

☎092-483-2048
⌖福岡市博多区博多駅中央街1-1 JR博多駅コンコース ⏰7:00〜22:30 ♨無休 🚃博多駅直結 🅿なし

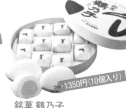
▶1161円(7個入り)

博多の女 (ひと)
ほどよい甘みの小豆ようかんをバウムクーヘンで包んだ、一口サイズの食べやすいお菓子
●博多菓子工房 二鶴堂

名菓ひよ子
かわいらしいヒヨコの形、香ばしい皮にやさしい甘さの黄味餡がなじんだしっとり食感で根強い人気
●ひよ子本舗吉野堂

▶1890円(8個入り)

千鳥饅頭
黄金色に焼き上げた生地の中に極上純白のこし餡入り。千鳥の焼印がチャームポイント
●千鳥饅頭総本舗

▶1123円(20個入り)

▶1701円(9個入り)

筑紫もち
香ばしいきな粉をまぶした餅に黒蜜をかけていただく、懐かしい味わいが人気の餅菓子
●如水庵

銘菓 鶴乃子
風味のよい黄味餡をふくよかなマシュマロ生地が包む、甘さ控えめのまろやかな味わい
●石村萬盛堂
▶1350円(10個入り)

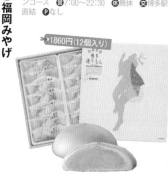
▶1860円(12個入り)

博多通りもん
ミルクの香りの皮の中に舌の上でとろけるような白餡が入った、上品な甘さの傑作まんじゅう
●明月堂

二〇加煎餅
明治39年(1906)発売以来のロングセラー商品。福岡県産小麦粉とたっぷりの卵を使用して作られた素朴な味の煎餅
●にわかせんべい本舗 東雲堂
▶648円(3枚入り)4箱)

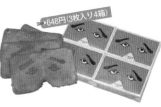

産地のラーメン
福岡県産小麦を使った、だして野菜がおいしく食べられるラーメン
▶各496円

博多ふきん
綿100%のかや織の生地を使った、心地よい手ざわりのふきん。博多に縁のあるモチーフの絵柄を多彩に揃え、楽しく選べる
▶550円

にわか 明太だるまみくじ
明太子唇に博多にわかの面を着け、中には博多弁で書かれたおみくじの入ったユニークなだるま

▶1個550円

福岡モチーフの限定雑貨が人気
中川政七商店 アミュプラザ博多店
なかがわまさしちしょうてん アミュプラザはかたてん

博多駅周辺 **MAP** 付録P.15 E-2

奈良の老舗が展開する、日本の工芸をベースにした生活雑貨店。衣食住のアイテムのほか、福岡らしい限定商品も。

☎092-409-6807 ⌖福岡市博多区博多駅中央街1-1 博多シティ1F ⏰10:00〜20:00 ♨アミュプラザ博多に準じる 🚃博多駅直結 🅿JR博多シティ提携駐車場利用

大都市を離れ、
ディープな旅へ
出かけたい

郊外へ

学問の神様を祀る天満宮の周辺や、
古き良き港町は気の向くままに歩きたい。
水郷の街で水上散策を楽しむのも一興。
福岡市から玄界灘沿いに西へ進めば、
近年注目を集める自然豊かな半島や、
歴史と美食に彩られた街にたどり着く。
日帰りで気軽に行けるのもうれしい。

福岡旅の選択肢がもっと広がる

郊外のエリアとアクセスガイド

福岡市を離れると、それぞれ歴史や文化、自然など豊かな見どころにあふれた個性的なエリアが点在。市内から30分弱〜1時間前後でアクセスできる。

古代アジア交流の要所にして、天神様のお膝元

太宰府 ➡P.112
だざいふ

古代には大陸との交流拠点として重要な役割を果たした地域。「学問の神様」として知られる菅原道真を祀る太宰府天満宮は全国から崇敬を集め、多くの参詣者が訪れる。

⬆太宰府天満宮は福岡有数の梅の名所でもある

| アクセス | 西鉄福岡（天神）駅から太宰府駅まで電車で25分、または福岡都市高速2号太宰府線を経由し車で35分 |

明治・大正時代の流通を支えたレトロな港町

門司 ➡P.116
もじ

本州と九州の間の関門海峡近く、明治・大正時代の海外貿易の要衝だった門司港周辺が中心市街。レトロな建物や港町風情が楽しめる「門司港レトロ」は人気観光スポット。

⬆平成に観光資源として生まれ変わった門司港レトロ地区

| アクセス | 博多駅から門司港駅まで電車（快速）で1時間30分、または九州自動車道を経由し車で1時間15分 |

お堀の水面に柳の緑が美しく映える水郷

柳川 ➡P.120
やながわ

江戸時代の町割や張りめぐらされた掘割がそのまま残る、情緒あふれる城下町。北原白秋の出身地としても有名なほか、「さげもん」という特徴的な雛祭り文化でも知られる。

⬆どんこ舟に乗って柳川名物「川下り」を楽しみたい

| アクセス | 西鉄福岡（天神）駅から西鉄柳川駅まで電車（特急）で50分、または九州自動車道、国道443号を経由し車で52分 |

各エリア観光案内

太宰府観光協会　☎092-925-1899
門司港レトロ総合インフォメーション
　　　　　　　　☎093-321-4151
柳川市観光案内所　☎0944-74-0891
糸島市観光協会　☎092-322-2098
唐津観光協会　☎0955-74-3355

郊外のエリアとアクセスガイド

海と山、豊かな自然が広がる半島で癒やされる

糸島 ➡P.124

げんかいなだ
玄界灘に突き出した糸島半島は、福岡市街から気軽にアクセスできる場所ながら自然が多い。美しいビーチ近くのおしゃれなカフェや、豊富な地産食材なども魅力的だ。

↑夫婦岩が屹立する景勝スポット、桜井二見ヶ浦

アクセス 博多駅から筑前前原駅まで電車で45分、または福岡都市高速環状線、西九州自動車道を経由し車で35分

玄界灘のつくり出す絶景と美食の恵み

唐津 ➡P.130

からつ
佐賀県北西部に位置し、市街は唐津藩の城下町として栄えた歴史を持つ。郊外の玄界灘沿いはダイナミックな景勝が点在し、食材の宝庫としてハイレベルな名料理店も多い。

↑海に浮かぶ唐津城本丸を、城内橋越しに望む

アクセス 博多駅から唐津駅まで電車で1時間10分。または福岡都市高速環状線、西九州自動車道、国道202号を経由し車で1時間

万葉の時代に繁栄した道真公の聖地

太宰府
だざいふ

みやげ物屋が賑やかな参道を歩き、学問の神様を祀る太宰府天満宮へ。周辺に点在する歴史スポットも巡りながら、散策を楽しみたい。

福岡を代表する観光スポット太宰府天満宮の御本殿。建物に施された梅のモチーフにも注目だ

郊外へ●太宰府

学問の神様として全国的に有名な太宰府天満宮や縁結びスポットへ

7世紀後半より約500年にわたり、行政機関の大宰府が置かれた地。大和政権の外交・防衛の要地、九州の政治経済や文化の中心地として発展した。観光の中心は、学問の神様・菅原道真公を祀る太宰府天満宮。道真公の死後、陰謀で左遷されたことによる祟りを恐れた朝廷が道真公の名誉挽回に努め、天神信仰として全国から崇敬を集めるようになった。天満宮境内とトンネルで結ばれ九州の重要文物が集まる九州国立博物館や、国宝の梵鐘が残る観世音寺、縁結びの神様・竈門神社も人気のスポットだ。

ACCESS

西鉄福岡(天神)駅から西鉄天神大牟田線特急を利用し、西鉄二日市駅で西鉄太宰府線に乗り換え、太宰府駅まで約25分。

随所に梅のモチーフが飾られる
全国各地にある天満宮の総本宮

太宰府天満宮
だざいふてんまんぐう

優れた学者・政治家・文人でありながら、無実の罪を着せられ大宰府に下向し、2年後に逝去した菅原道真公が御祭神。亡骸を載せた牛車の牛がこの地で動かなくなったため、埋葬して延喜5年(905)に祠廟を建てたのが起源とされる。桃山建築の豪奢な御本殿が建つ境内は、約6000本の梅など四季の花に彩られる。「学問・文化芸術・厄除けの神様」として多くの崇敬を集めている。

MAP 付録P.18 B-1

☎092-922-8225 **所**太宰府市宰府4-7-1
時境内自由、楼門内6:30~18:30(季節により異なる)、宝物殿・菅公歴史館9:00~16:30(最終入館16:00)
休宝物殿は月曜(祝日の場合は開館)、菅公歴史館は火・水曜
料宝物殿400円、菅公歴史館200円
※宝物殿・菅公歴史館・九州国立博物館平常展共通券500円
交西鉄・太宰府駅から徒歩5分 **P**2000台(有料)

↑参道の突き当たりをはじめ、境内各所にある御神牛。なでた場所の病気が治ると信じられている

↑境内には学業成就祈願などの多くの絵馬が。受験シーズンは最も混雑する

京から菅公を慕った「飛梅」

御本殿の向かって右にある梅の木が有名な飛梅。大宰府へ行った道真公を慕い、京の都から一夜にして飛来したとの伝説が残る。道真公は、「東風吹かば匂い起こせよ梅の花 主なしとて春な忘れそ」と、京の梅を懐かしむ歌を詠んでいる。境内の約6000本の梅の木で最初に白い花を咲かせる。

⬆飛梅は極早の八重咲の梅。御神木である飛梅の実は、一生一代のお守り「飛梅御守」として大事に奉製される

御本殿
ごほんでん

16世紀末に再建された豪奢な桃山建築。道真公の墓所の上に建つ。重要文化財

楼門
ろうもん

入口側は二重屋根、本殿側は一重屋根と別々の造り。大正3年(1914)再建

天開稲荷社
てんかいいなりしゃ

赤鳥居の並ぶ参道奥にある。祈ると天に道が開け、運気が上昇するという

浮殿
うきどの

浮殿とは水面に影が映る建物。秋の神幸式の御旅所で御神輿がお休みになる

太鼓橋
たいこばし

心字池に連なって架かる3つの橋。それぞれ過去、現在、未来を表している

心字池
しんじいけ

心の字をかたどった清らかな池。池に架かる太鼓橋を通り、心身を清めて御本殿へ

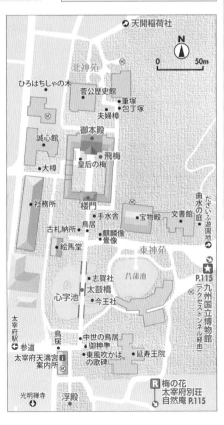

参道沿いに立ち並ぶ店々でおみやげ探し

太宰府門前町さんぽ
だざいふもんぜんちょう

太宰府天満宮を参詣したあとは、「梅」などの太宰府の名物を
モチーフにした雑貨やお菓子を取り扱う参道沿いの店を訪ねたい。

⬆名物「梅ヶ枝餅」を店
頭で焼く店が軒を連ねる

郊外へ●太宰府

▌てのごい家
てのごいや

手ぬぐいの新しい魅力を提案

額に入れ楽しみたくなる伝統的な小紋か
らポップな新柄まで、和洋の多彩な手ぬ
ぐいを販売。

MAP 付録P.18 B-2
☎092-922-1035　所太宰府市宰府2-7-26
営10:00〜17:00　休不定休
交西鉄・太宰府駅から徒歩4分　Pなし

⬆博多織をモチーフ
にした博多献上てぬ
ぐい各1100円

⬆歌舞伎柄（役者文様）
の市松1320円（上）と、
かまわぬ1100円（下）

⬆アートとして楽しめる手ぬぐい専用フレーム
6600円

▌太宰府参道「天山」
だざいふさんどう「てんざん」

香ばしい最中の皮と自家製餡

太宰府で出土した鬼瓦を模し、佐賀県産
もち米で焼き上げた最中に餡を挟んだ
「鬼瓦最中」が好評。

MAP 付録P.18 A-2
☎092-918-2230　所太宰府市宰府2-7-12
営10:00〜17:00　休不定休
交西鉄・太宰府駅から徒歩3分　Pなし

⬆餡は北海道産小豆のつぶ餡と白いんげんの白
餡、八女茶餡の3種類。つぶ餡・白餡各220円、
八女茶餡230円

⬆わらびもち（串）300円も人気

▌寿庵 寺田
じゅあん てらだ

梅をテーマに多彩な品揃え

飛梅にちなんだ自家製の飛梅漬（1袋
900〜1000円）のほか、梅ゼリーなどの梅
製品が30種類以上ある。

MAP 付録P.18 B-1
☎092-922-4064
所太宰府市宰府4-6-15
営9:00〜17:30　休4〜12
月の第1・3水曜　交西鉄・太
宰府駅から徒歩4分　Pなし

⬆減塩で人気の一
粒うめ120円、10
個入り1300円

⬆太宰府名物の梅ヶ枝
餅は参道と境内の茶店
各店で販売。1個150円

⬆昔からの製
法で漬けられ
る自家製の小
粒梅、飛梅漬

⬆創業95年を超える。天満宮参道の茶店として
の風情が残る

太宰府で歴史散策の旅

知的好奇心を満たしてくれる博物館や神社仏閣などにも、太宰府天満宮からひと足のばして訪れてみたい。グルメスポットも要チェック。

日本とアジアの交流の歴史

九州国立博物館
きゅうしゅうこくりつはくぶつかん

日本とアジア・ヨーロッパの文化交流の歴史を紹介する国立博物館で、太宰府天満宮に隣接している。旧石器時代から近世末期(開国)までを、5つのテーマに分けて展示・紹介している。

MAP 付録 P.18 C-2

☎050-5542-8600(ハローダイヤル)
🏠太宰府市石坂4-7-2 ⏰9:30~17:00(最終入館~16:30)※夜間開館はHPで要確認 🚫月曜(祝日・振替休日の場合は翌日) 💴平常展(文化交流展)700円(特別展は別料金) ※太宰府天満宮宝物殿・菅公歴史館との共通券1000円 🚃西鉄・太宰府駅から徒歩10分 🅿313台(有料)

↑日本やアジア諸国の文化財を随時入れ替えながら、約800点を展示

↑海外との交流の歴史が古い九州ならではの博物館。周囲の山並みを映す曲線フォルムの壁面が印象的

国宝の梵鐘や貴重な仏像に注目

観世音寺
かんぜおんじ

母の冥福を祈る天智天皇の発願で、聖武天皇治下の天平18年(746)に完成。国宝である日本最古の梵鐘や、宝蔵に収蔵された平安~鎌倉時代の数々の仏像などの重要文化財が残されている。

MAP 付録 P.16 B-2

☎092-922-1811 🏠太宰府市観世音寺5-6-1 ⏰9:00~17:00 🚫無休 💴宝蔵500円 🚃西鉄・五条駅から徒歩10分 🅿10台

↑建物は江戸時代初期に再建された講堂と金堂の2堂が残る

女性で賑わう縁結びの神様

宝満宮 竈門神社
ほうまんぐう かまどじんじゃ

7世紀に大宰府政庁が置かれた際、鬼門除けの祭祀が行われた古社。本殿に玉依姫命を祀り、男女の縁のほか、家族や友人、仕事などの良縁にご利益があるという。愛敬の岩など、各所に縁結びスポットがある。

MAP 付録 P.16 C-1

☎092-922-4106 🏠太宰府市内山883 ⏰💴参拝自由 🚃西鉄・太宰府駅からコミュニティバス・まほろば号で10分、内山下車すぐ 🅿100台(有料)

↑1350年以上の歴史を誇る

↑大理石のモダンな授与所があり、おしゃれなお守りが並ぶ

赤レンガ建築がおしゃれなレトロな港町

門司 もじ

関門海峡をまたいで、本土と九州を結ぶ玄関口として栄えた。かつての港の賑わいを伝える明治～大正期の洋館が残る港町をぶらりと歩く。

郊外へ 門司

さまざまな建築物を眺めながらのそぞろ歩きを楽しみたい

レトロモダンな洋館を訪ね
ハイカラな港町の雰囲気を楽しむ

　明治22年(1889)に特別輸出港として開港した門司港。北九州工業地帯の発展を背景に国際貿易港となり、また、外国航路の拠点として急速に発展した。明治から大正期に建てられた金融機関や商社、海運会社などの洋館が、今も港周辺に点在している。一帯は門司港レトロ地区として美しく整備されており、観光施設も充実。ハイカラムードの港町は歩いて楽しむほか、港を巡るクルーズ船も出航している。焼きカレーなどの門司港グルメも楽しみたい。

ACCESS

JR博多駅からJR鹿児島本線特急を利用し、JR小倉駅で普通列車に乗り換え、JR門司港駅まで約1時間。または JR博多駅からJR鹿児島本線快速を利用し、JR門司港駅まで約1時間30分。

門司港散策の始まりは
ノスタルジックな駅舎から

JR門司港駅
ジェイアールもじこうえき

↑ネオ・ルネサンス様式を基調にした駅舎。明かりが灯った夜にはロマンティックな姿を見せる

大正3年(1914)に創建され、昭和63年(1988)には、鉄道駅で初めて国の重要文化財に指定された。保存修理工事を経て、2019年3月に創建時の姿に復原。レトロな駅舎内と風格のある外観がみどころ。

MAP 付録P.18 A-4

☎なし 所北九州市門司区西海岸1-5-31 開休料入場自由(2階は9:30～20:00、見学不可の場合あり) 交JR門司港駅内 P門司港レトロ地区内駐車場利用

↑皇族も利用された2階貴賓室は、豪華な内装で復原された。入口からの見学のみ

重厚な赤レンガ建築から
門司港レトロを一望
旧門司税関
きゅうもじぜいかん

↑館内には門司税関広報展示室も常設されている

明治45年（1912）築の税関庁舎で、昭和初期まで使用された。赤レンガのネオ・ルネサンス様式と瓦葺きが特徴の和洋折衷建築。1階には吹き抜けのエントランスホールが広がり、休憩所や展望室、カフェなどがある。

MAP 付録P.18 B-3
☎093-321-4151（門司港レトロ総合インフォメーション）🏠北九州市門司区東港町1-24 🕐9:00〜17:00 休無休 料無料 🚃JR門司港駅から徒歩5分 🅿門司港レトロ地区内駐車場利用

アインシュタインが滞在した
大正モダンの優雅な洋館
旧門司三井倶楽部
きゅうもじみついくらぶ

↑木組みが特徴的なヨーロッパ伝統様式の外観。館内はアール・デコ調の優雅な装飾だ

三井物産の社交クラブとして、大正10年（1921）に建造。1階は和洋レストランがあり、2階にはアインシュタイン夫妻が宿泊した当時の客室を再現。門司出身の作家・林芙美子の記念室も設けている。

MAP 付録P.18 B-4
☎093-321-4151（門司港レトロ総合インフォメーション）🏠北九州市門司区港町7-1 🕐9:00〜17:00（レストラン11:00〜15:00 17:00〜21:00、LO各1時間前）休無休（レストランは不定休）料無料（2階は150円）🚃JR門司港駅からすぐ 🅿門司港レトロ地区内駐車場利用

白と茶が調和した
異国情緒あふれる建築物
大連友好記念館
だいれんゆうこうきねんかん

北九州市と大連市の友好都市締結15周年を記念して建築。帝政ロシア時代に、大連市に建造された東清鉄道汽船事務所を複製したもの。

MAP 付録P.18 B-3
☎093-321-4151（門司港レトロ総合インフォメーション）🏠北九州市門司区東港町1-12 🚃JR門司港駅から徒歩5分 🕐9:00〜17:00 休無休 料無料 🅿門司港レトロ地区内駐車場利用
⭕明治後期に大連市に建てられた建物を忠実に複製している

国際貿易都市を象徴する建物
美しい外観が港に映える
旧大阪商船
きゅうおおさかしょうせん

大正6年（1917）築の大阪商船門司支店。外国航路の旅客待合室があった。オレンジタイルや八角形の塔屋が美しく、港の美貌と称された。北九州出身のイラストレーター・わたせせいぞう氏のギャラリーがある。

MAP 付録P.18 B-4
☎093-321-4151（門司港レトロ総合インフォメーション）🏠北九州市門司区港町7-18 🕐9:00〜17:00 休無休（わたせせいぞうギャラリーは年2回休みあり）料無料（わたせせいぞうギャラリーは150円）🚃JR門司港駅からすぐ 🅿門司港レトロ地区内駐車場利用

⭕地元作家の作品が並ぶショップやおしゃれなカフェでひと休みもできる

門司港レトロ展望室
もじこうレトロてんぼうしつ
MAP 付録P.18 B-3

高層マンションの31階にあり、地上103mの高さからは、レトロ地区や対岸の下関まで一望できる。

☎093-321-4151（門司港レトロ総合インフォメーション）🏠北九州市門司区東港町1-32 🕐10:00〜22:00（入場は〜21:30）カフェ10:30〜21:00（LO20:30）休年4回不定休 料300円 🚃JR門司港駅から徒歩5分 🅿門司港レトロ地区内駐車場利用

↑モダンな建物は日本を代表する建築家・黒川紀章氏の設計

門司港レトロクルーズ
もじこうレトロクルーズ
MAP 付録P.18 B-4

門司港レトロ地区から発着する、約20分のクルーズ。門司港や下関市の街並み、海峡風景を満喫できる。

☎093-331-0222（関門汽船門司営業所）🏠北九州市門司区港町5-1 海峡プラザ前乗船受付ブース 🕐10:00〜不定時（所要20分）休無休（潮位による欠航の場合あり）料1000円 🚃JR門司港駅から徒歩3分 🅿門司港レトロ地区内駐車場利用

⭕デイクルーズのほかにナイトクルーズも

北九州銀行レトロライン門司港レトロ観光列車
潮風号
きたきゅうしゅうぎんこうレトロラインもじこうレトロかんこうれっしゃおかぜごう
MAP 付録P.18 B-3

かつて貨物輸送に使用されていた線路を利用した門司港事業所・門司港レトロ観光線。所要時間片道10分。

☎093-331-1065（平成筑豊鉄道）🕐土・日曜、祝日10:00〜17:00 ※運行状況の詳細は公式HPを要確認 料片道300円 🚃JR門司港駅から徒歩3分 🅿門司港レトロ周辺の駐車場利用

⭕レトロ感ある青色で装った列車

門司のさまざまな一面を見つけたい
海峡の街の魅力を探る

風光明媚なレトロ建築を見るだけでなく、鉄道や海峡など門司の歴史について学べるスポットにも、興味の赴くままに訪ねてみたい。

九州で活躍した鉄道車両を展示
九州鉄道記念館
きゅうしゅうてつどうきねんかん

明治建築の赤レンガの建物を利用したミュージアム。かつて九州を走っていた懐かしの機関車や特急列車、明治期の客車などの実物展示のほか、九州の鉄道模型、鉄道用品の展示、運転シミュレーターなどがある。

MAP 付録 P.18 B-4

☎093-322-1006
所北九州市門司区清滝2-3-29
時9:00〜17:00
休不定休(年に9日ほどメンテナンスのため休業あり)
料300円
交JR門司港駅から徒歩3分　Pなし

↑本館は明治24年(1891)に旧・九州鉄道会社の本社として建てられた

↑本物の811系車両を使用。臨場感あふれる運転体験ができる

↑昭和16年(1941)製造のC591。ほかに8台の車両と3台の前頭部車両がある

体験型博物館で関門海峡を知る
関門海峡ミュージアム
かんもんかいきょうミュージアム

大型船をイメージした館内で、巨大スクリーンや人形アート、展示コーナーなどを通じて関門海峡の歴史や文化が学べる。海峡や門司港レトロ地区などを一望できる展望デッキも備える。

MAP 付録 P.18 A-4

☎093-331-6700　所北九州市門司区西海岸1-3-3　時9:00〜17:00(季節により変動あり)
休年5回不定休　料入館無料(有料展示エリアは500円)　交JR門司港駅から徒歩5分
P200台(有料)

↑2階から4階の吹き抜け国内最大級のスクリーンで、関門海峡の魅力を伝える海峡アトリウム

←海峡レトロ通りでは、大正時代の門司港の街が再現されている

九州最北端に位置する神社
和布刈神社
めかりじんじゃ

神功皇后の創建とされる古社。壇ノ浦の戦い前夜に平氏方が戦勝祈願をしたとされる。関門海峡の難所、早鞆の瀬戸が目の前に広がり、航海安全や子孫繁栄の神として崇拝される。

MAP 本書 P.3 E-1

☎093-321-0749
所北九州市門司区門司3492　時休料参拝自由
交JR門司港駅から西鉄バス・和布刈行きで11分、和布刈神社前下車すぐ　P8台

↑拝殿前に立つ鳥居。奥には関門橋、海峡を行き交う船、下関の街を望む　©Takumi Ota

←奈良にある老舗・中川政七商店の協力により、新装された授与所

門司港のショッピングスポット

港ハウス　みなとハウス

北九州市と下関市の海産物や特産品などが手に入る観光物産館。門司港グルメなどを販売するテイクアウトコーナーもある。

MAP 付録 P.18 B-3

☎093-321-4151(門司港レトロ総合インフォメーション)　所北九州市門司区東港町6-72
時10:00〜18:00　休不定休　交JR門司港駅から徒歩5分　P門司港レトロ地区内駐車場利用

↑新鮮な海産物や銘菓などのみやげ物が豊富に揃う

海峡プラザ　かいきょうプラザ

手作り体験ができるオルゴールやガラス製品の専門店をはじめ、眺望抜群のレストランや地元名産のおみやげ、おしゃれな雑貨が揃う。

MAP 付録 P.18 B-4

☎093-332-3121　所北九州市門司区港町5-1　時10:00〜20:00(飲食店11:00〜20:00、店舗により異なる)　休無休　交JR門司港駅から徒歩3分　P29台

↑門司港レトロの中心にある

王様焼きカレー
1040円〜
野菜ソムリエが厳選した関門の季節の野菜がたっぷり入った人気メニュー

世界にひとつだけの焼きカレー
プリンセスピピ門司港
せかいにひとつだけのやきカレー プリンセスピピ もじこう

MAP 付録P.18A-4

門司港焼きカレーフェア第1位

伊勢神宮外宮奉納の焼きカレーが味わえる店。野菜とハーブを使ったアジアンテイストなメニューも充実。「王様焼きカレー」もじっくり火を通すことで野菜の旨みを引き出したもの。ベイサイドの風景とともに味わいたい。

☎093-321-0303
🏠北九州市門司区西海岸1-4-7
🕐11:00〜15:00(LO14:30) 17:00〜21:00 (LO20:00) 🏠火曜(祝日の場合は翌日)
🚃JR門司港駅からすぐ Ｐなし

| 予約 | 夜のコースのみ予約可 |
| 予算 | Ｌ1000円〜 Ｄ2000円〜 |

●関門海峡の景色を眺めながら食事できる

●関門海峡の景色を眺めながら食事できる

港町の雰囲気と一緒に味わいたい人気メニューの数々

おしゃれな店で門司港グルメを

レトロな港町らしく、港の景色や懐かしい風情が楽しめるレストランやカフェ。
代表的なご当地料理の「焼きカレー」をはじめ、魅力的なメニューが揃っている。

陽のあたる場所
ひのあたるばしょ

| 予約 | 望ましい |
| 予算 | Ｌ1250円〜 Ｄ2200円〜 |

MAP 付録P.18A-4

門司港を一望、本格イタリアン

店主はフレンチをスタートに海外のホテルで和食を担当。現在は魚介を刺身で食べる和食の技や野菜ソムリエの知識を生かしイタリアンを極める。目の前でパスタにチーズを絡めるなど演出も魅力だ。

☎093-321-6363
🏠北九州市門司区西海岸1-4-3 日産船舶ビル7F 🕐11:00〜22:00(LO21:00)
🏠火曜 🚃JR門司港駅からすぐ Ｐなし

イタリアパルマ産
生ハムのサラダ仕立て 1200円
生ハムの塊が載ったカートとともにシェフがテーブルに登場。目の前で切り分け盛り付ける

●三方ガラス張りで門司港を一望。夕暮れからの夜景は絶景

しだれ柳と掘割が情緒を誘う水郷都市

柳川
やながわ

水竿一本で船頭が操るどんこ舟。城下町の面影
が残る水都を舟に揺られてのんびり水上散策。
柳川藩主や北原白秋ゆかりの地も見逃せない。

どんこ舟が行き交うのどかな風景。春は桜、秋には紅葉がきれい

城下町の頃の面影をたどりつつ
お堀や北原白秋ゆかりの地を巡る

　かつては湿地帯が広がっていた柳川。
城下町となった江戸時代には、柳川城を
中心に掘割の水路網が整備され、城の
防衛や飲料水、水上交通に掘割が活用
された。今も街を縦横に走る掘割を昔な
がらのどんこ舟で進む川下りは、柳川観
光のハイライトだ。しだれ柳や花々が岸
辺を彩り、歴史建築が点在する街の風情
を船上から満喫しよう。柳川出身の詩人・
北原白秋ゆかりの地も随所にある。名物
「うなぎのせいろ蒸し」や有明海の魚介も
堪能したい。

- -
ACCESS

西鉄福岡（天神）駅から西鉄天神大牟田線特急を利
用し、西鉄柳川駅まで約50分。

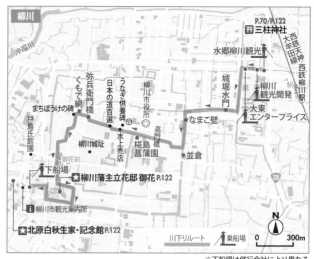

柳川

沖端川

P.70/P.122
三柱神社

水郷柳川観光

弥兵衛門橋
くもで網
日本の道百選
うなぎ供養碑
柳川市役所
城堀水門
西鉄柳川駅
西鉄天神大牟田線

柳川
観光開発

まちぼうけの碑
戸島氏庭園
柳川城址
御花前
高畑橋
椛島菖蒲園
なまこ壁
並倉

大東
エンタープライズ

水上売店

下船場
柳川藩主立花邸 御花 P.122

柳川市観光案内所

北原白秋生家・記念館 P.122

川下りルート　　乗船場

0　　　300m

N

※下船場は催行会社により異なる

120

水上から眺める柳川は
よりいっそう情緒がある

川下り
かわくだり

素朴などんこ舟に乗って、柳川の
街なかを流れる長さ4kmほどの掘
割を巡る60〜70分の船旅。10以
上の橋をくぐり、なまこ壁や赤レ
ンガ倉庫、柳並木、季節の花々
などの味わいある風景を楽しめ
る。船頭さんが1本の水竿を巧み
に操りながら、舟歌や街の歴史な
どを聞かせてくれるのもうれしい。

MAP 付録P.19 F-1
☎0944-74-0891（柳川市観光案内所）
◉9:00〜日没（催行会社により異なる）
◉2月中旬〜下旬頃の落水期間
（期間中は乗船場〜水門間を遊覧）
◉1700〜2000円
◉あり（各乗船場に用意）

乗船場
じょうせんじょう
西鉄柳川駅近くに3カ所の
乗り場がある。日除け笠
（100円）を借りよう

城堀水門
じょうぼりすいもん
城内に入るために設け
られた唯一の水門。城の
防御に欠かせないもの

なまこ壁
なまこかべ
街の各所に土蔵
のなまこ壁が見
られる。瓦と漆
喰がつくる格子
模様が美しい

椛島菖蒲園
かばしましょうぶえん
5月下旬から6月上
旬頃に、約20種3
万本の花菖蒲が咲
き誇る

並倉
なみくら
明治時代後期に建築
された赤レンガの倉
庫。今も味噌蔵とし
て使われている

柳川伝統のひな祭り文化
柳川では女の子が生まれると、初節
句のお祝いに「さげもん」と呼ばれる
飾りを雛壇の左右に吊るす習慣があ
る。さげもんとは、竹で作った輪に7
本の糸を下げ、手作りした毬や縁起
物の鶴、這い人形などの布細工を吊
るしたもの。雛祭りの時期には、街
を挙げて各種イベントが催される。

➡布の小物
がカラフルな
「さげもん」。
みやげ物店で
も手に入る

➡3月中旬に
は、どんこ舟
を使った「お
ひな様水上パ
レード」も

くもで網
くもであみ
かつて柳川でも使
用されていた伝統
漁法の仕掛け網。
水上に風情を誘う

弥兵衛門橋
やえもんばし
どんこ舟がぎりぎり通れ
る幅しかない難所。船頭
さんの腕の見せどころ

下船場
げせんじょう
終点は沖端（下船
場は催行会社に
より異なる）。下
船したら周辺を観
光したい

城下町の面影をたどって

川下りを楽しんだら、柳川藩主や柳川出身の詩人について学べるスポットなど、柳川の歴史や文化にもっと親しめる場所にも足を運びたい。

旧藩主の末裔が現在も受け継ぐ文化財

柳川藩主立花邸 御花
やながわはんしゅたちばなてい おはな

元文3年（1738）に造営された柳川藩主・立花家の私邸。現在は、明治43年（1910）に完成した西洋館や大広間、庭園の「松濤園」がそのままに残る。立花家史料館や料亭、宿泊施設なども併設され、国指定名勝地に泊まるという特別な体験ができる。

↑庭園を含む敷地全体が国の名勝「立花氏庭園」に指定されている

↑維新後に伯爵となった立花家が迎賓館として建てた西洋館

→史料館では歴代藩主の甲冑など立花家に伝わる美術工芸品を展示

MAP 付録 P.19 D-2
☎0944-73-2189　🏠柳川市新外町1
🕐10:00〜16:00　🈺無休　💴1000円
🚉西鉄柳川駅から西鉄バス・早津江行きで10分、御花前下車、徒歩3分　🅿宿泊者専用

柳川生まれの詩人の生涯

北原白秋生家・記念館
きたはらはくしゅうせいか・きねんかん

明治18年（1885）に柳川の裕福な造り酒屋に生まれ、童謡『からたちの花』『待ちぼうけ』などの作詞でも知られる詩人・北原白秋の生家を復元。母屋や隠居部屋のほか、記念館に直筆原稿や遺品などを展示する。

MAP 付録 P.19 D-2
☎0944-72-6773　🏠柳川市沖端町55-1
🕐9:00〜17:00（最終入館16:30）　🈺無休　💴600円
🚉西鉄柳川駅から西鉄バス・早津江行きで11分、水天宮入口下車、徒歩5分　🅿なし（市営駐車場隣接）

↑併設する記念館で北原白秋の生涯を資料などで紹介

↑母屋1階には、商家ならではの広い土間が見られる

↑なまこ壁土蔵造りの国名勝「北原白秋生家」

戦国武将・立花宗茂公を祀る

三柱神社
みはしらじんじゃ

初代柳川藩主・立花宗茂公、妻・誾千代姫とその父・戸次道雪公の3柱を祀る。春は約500本の桜が咲くなか流鏑馬が奉納され、秋の大祭「御賑会」では山車の上から身を乗り出し、独創的な踊りをする「どろつくどん」が奉納される。

MAP 付録 P.19 F-1
☎0944-72-3883　🏠柳川市三橋町高畑323-1　🕐🈺境内自由　🚉西鉄柳川駅から徒歩5分　🅿200台（有料）

↑江戸後期の創建。必勝・就職・復活などにご利益あり

→御神域に架かる欄干橋を抜けると約2万坪の神域に至る

水辺の散歩道を歩く

弥兵衛門橋から高門橋の先まで、内堀沿いに水辺の散歩道が続く。しだれ柳の下、文学碑や歌碑が点在し、どんこ舟が行き交う小径は、「日本の道百選」に選ばれている。

↑川下りとは違った趣を楽しもう

街歩きのあとは温泉で休憩

柳川温泉 南風
やながわおんせん はえんかぜ

柳川総合保健福祉センター「水の郷」内にある市営の日帰り温泉。露天風呂付き大浴場や大広間、有料の家族湯・和室も完備。

MAP 付録 P.19 D-2
☎0944-75-6205　🏠柳川市上宮永町6-3　🕐10:00〜20:30（最終入場20:00）
🈺月曜（祝日の場合は翌日）　💴410円
🚉西鉄柳川駅から堀川バス亀の井ホテル柳川行きで10分、水の郷前下車、徒歩　🅿220台

↑大浴場は1週間で男女が入れ替わる

せいろ蒸し 4800円
特製タレで何度もていねいに焼いたウナギがたっぷり。肝吸い付き

元祖 本吉屋
がんそもとよしや

MAP 付録P.19 E-1

老舗ならではの風情たっぷり

創業天和元年(1681)、威風堂々と建つ藁葺き屋根の店は築250年余という老舗。せいろ蒸しは粒が大きめのご飯に、飴がた(砂糖を使わない水飴)などが入った特製タレで焼いたウナギをのせて蒸す。余分な脂が抜けて意外にあっさり。

↑住宅街とは思えないほど静かな空間でウナギをじっくり味わえる

☎0944-72-6155
柳川市旭町69
⊘10:30〜20:00(LO19:30)
休月曜
西鉄柳川駅から徒歩13分 P15台

予約 可
予算 LD 3410円〜

有明海の珍味食材と、江戸時代から続く伝統の調理法に注目

水郷の郷土料理 柳川名物の味

世界有数の干満差が育む魚介や、江戸時代に発祥し各店が秘伝の味付けや技を受け継ぐ「うなぎのせいろ蒸し」など、興味をそそる柳川の名物を堪能したい。

若松屋
わかまつや

MAP 付録P.19 D-2

歴史とともに培われてきた味

継ぎ足しながら受け継いできた秘伝のタレに焼いたウナギの身をくぐらせ、その旨みをたっぷり染み込ませた伝統の味は、安政年間(1854〜60)から続く。せいろ蒸しのほかに素焼きや蒲焼定食、鰻丼なども用意されている。

☎0944-72-3163
柳川市沖端町26 ⊘11:00〜20:00(LO19:15) 休水曜、第1・3火曜 西鉄柳川駅から西鉄バス・早津江行きで10分、御花前下車、徒歩5分 P25台

↑店内は椅子テーブル席を備えている

上鰻せいろ蒸し 3930円
ご飯まで特製タレがしっかり染みたせいろ蒸しは3種類。うざく、鰻巻付き会席もある

予約 平日昼・夕方は可
予算 LD 3265円〜

有明の幸定食 2200円
シタビラメの煮付けは、ワケノシンノス(いそぎんちゃく)の味噌煮、生クラゲなど魚介づくし

夜明茶屋
よあけちゃや

MAP 付録P.19 D-2

有明海の魚介料理が中心

最大6mの干満差がある有明海は珍しい魚介の宝庫。見た目こそグロテスクだが淡白でおいしい、その代表格・シタビラメやワラスボ、ワタリガニなどを提供。併設の魚屋で選んだ魚も調理してくれる。

↑テーブルと座敷あり。むつごろうラーメンなどみやげ品も販売

☎0944-73-5680
柳川市稲荷町94-1 ⊘11:30〜15:00(LO14:30) 17:00〜21:30(LO21:00) 休火曜、第2水曜(祝日の場合は営業) 西鉄柳川駅から西鉄バス・早津江行きで11分、水天宮入口下車、徒歩2分 P20台

予約 可
予算 L 768円〜
D 1320円〜

癒やしのシーサイドドライブ
海の絶景! 糸島
いとしま

福岡中心部から車で約30分でたどり着く、
自然豊かな糸島半島。海岸沿いをぐるりとまわり、
青い海と空、そして夕暮れと夜の美景に出会いたい。

↑美しい白砂の海岸と緑の
松原が弧を描く幣の浜

海蝕によってできた洞窟。壁面
には柱状の割れ目が連なる

郊外へ●糸島

1 芥屋の大門
けやのおおと

MAP 付録 P.2A-3

玄界灘と奇岩が織りなす景勝地

大門岬にある日本最大級の玄武岩洞窟。
高さ64m、奥行き90mの洞窟が、玄界灘に
ぽっかり口を開けている。
所糸島市志摩芥屋677 開休料見物自由
交西九州自動車道・前原ICから12.6km P25台

海から見物 芥屋大門遊覧船
けやおおおとゆうらんせん

MAP 付録 P.2A-3

☎092-328-2012(芥屋大門観光社)
所糸島市志摩芥屋677(乗船場)
時9:30〜16:30(平日45分間隔で1日10便運航
土・日曜、祝日30分間隔で1日14便運航、いず
れも所要約25分) 休12月1日〜3月中旬、荒天
時は要問い合わせ 料1000円
交西九州自動車道・前原ICから12.5km P25台

↑洞窟をすぐ近くで眺められる

2 幣の浜
にぎのはま

MAP 付録 P.2A-3

きれいな海岸を散歩したい

芥屋の大門から野北浜まで連なる全長
約6kmの海岸。弧を描く浜辺は海と砂浜
のコントラストが美しく、「日本の白砂
青松100選」のひとつに選ばれている。
☎092-322-2098(糸島市観光協会)
所糸島市志摩芥屋〜野北 開休散策自由
交西九州自動車道・前原ICから9.8km
P50台

↑夏は水遊び、年間を通してサーフィンが楽し
める

3 櫻井神社
さくらいじんじゃ

MAP 付録 P.2B-2

地元の信仰篤い筑前の守護神

寛永9年(1632)に福岡2代藩主・黒田忠
之が創建した。本殿の彫刻が鮮やかだ。
森に続く石段を上ると、伊勢神宮とゆ
かりの深い神明造りの櫻井大神宮が現
れる。
☎092-327-0317 所糸島市志摩桜井4227
開休参拝自由 交西九州自動車道・今宿ICか
ら12.0km P100台

↑災厄を祓い清めてくれる神様を祀る

志賀島
東区
西戸崎駅
博多湾
能古島
志賀島

元寇防塁

愛宕神社
（日本三大愛宕）
GOAL
5
明治通り
C

今宿
今津湾
愛宕
出入口

今宿駅
下山門駅
姫浜駅
九州大学研都市駅
西九州自動車道（福岡前原有料道路）
福重
福岡都市高速環状線
福岡市西区
寺見川
福岡市街
202
263
202

HINODE ヒノデ

MAP 付録 P.2 B-3

新鮮な野菜を使ったタコスと玄米タコライスが名物。「日本の夕陽百選」のサンセットロード沿いにあり、天気が良ければ一年を通して夕陽が楽しめる。

☎092-327-3046 ⚲糸島市志摩野北2457
🕐11:00〜日没 🈭木曜
🚃西九州自動車道・前原ICから10.7km ℗20台

⬆店は潮風が吹き抜ける開放的な造り。写真はテラス席

⬇野菜もひき肉もたっぷりのミートチーズタコスは650円

---

5 ## 愛宕神社（日本三大愛宕）
あたごじんじゃ（にほんさんだいあたご）

ベイエリア MAP 付録 P.3 D-3

福岡きっての人気夜景スポット

西暦72年創建と伝わる福岡随一の古社で、幸福を呼ぶパワースポットと評判。標高68mの愛宕山頂にあり、博多湾や市街地を一望できる。日本三大愛宕のひとつ。

☎092-881-0103
⚲福岡市西区愛宕2-7-1
🕐🈭🉐境内自由
🚃福岡都市高速・愛宕出入口から1.1km ℗50台

⬇桜や紅葉の名所として知られる

⬆境内の展望デッキからきらめく夜の街を一望

---

4 ## 桜井二見ヶ浦
さくらいふたみがうら

MAP 付録 P.2 B-2

夫婦岩の夕景が美しい県の名勝

沖合約150mに夫婦岩を望む風光明媚な海岸。古来より櫻井神社の社地とされた神聖な地だ。「日本の夕陽百選」に選ばれており、特に夏至の頃、岩の間に落ちる夕陽が美しい。

☎092-322-2098（糸島市観光協会）
⚲糸島市志摩桜井3777-1 🕐🈭🉐散策自由
🚃西九州自動車道・前原ICから12.0km ℗47台

⬇夏至の頃、高さ11.2mの女岩（左）と11.8mの男岩（右）の夫婦岩に夕陽が沈む

⬇「日本の夕陽百選」にも選ばれている二見ヶ浦。海岸には大鳥居が立つ

移動時間◆約1時間30分

おすすめドライブルート

前原ICから海岸沿いを走り、芥屋の大門や幣の浜などの景勝地で海の絶景を満喫しながら糸島半島を巡る。途中の休憩で糸島食材の料理を味わったら、桜井二見ヶ浦で夫婦岩に沈む夕陽にうっとり。福岡市街への帰路は、ぜひロマンティックな街の夜景が見られる愛宕神社へ。

前原IC まえばる
⬇ 県道54・604号経由 12.6km・20分
1 芥屋の大門 けやのおおと
⬇ 県道604・54号経由 1.7km・3分
2 幣の浜 にぎのはま
⬇ 県道54・567号経由 9.2km・15分
3 櫻井神社 さくらいじんじゃ
⬇ 県道54号経由 3.0km・5分
4 桜井二見ヶ浦 さくらいふたみがうら
⬇ 県道54号、明治通り経由 21.0km・40分
5 愛宕神社（日本三大愛宕） あたごじんじゃ（にほんさんだいあたご）
⬇ 一般道経由 1.1km・3分
愛宕出入口 あたご

海の絶景！糸島

食べる

Beach Cafe SUNSET
ビーチ カフェ サンセット

MAP 付録P.2 B-2

**絶景の海と食をゆったり楽しむ
糸島で高い人気の老舗カフェ**

糸島のビーチカフェ人気に火をつけた有名店。ロケーションを生かした開放的な雰囲気と糸島の食材を多彩に使った多国籍料理に惹かれ、平日でも多くの客が訪れる。目の前に広がる海景色をゆっくり楽しみたい。

予約 可
予算 LD 1200円～

☎092-809-2937
所福岡市西区西浦284 時11:00～20:00(LO19:00) 休第3水・木曜 交西九州自動車道・今宿ICから車で20分 P18台

↑糸島の青い海に向けて広がるテラス席。日没の時間は特等席だ

↓1990年にオープンした糸島のビーチカフェの先駆け的存在(左)。夕日は夏の季節が最高。近くには名勝、桜井二見ヶ浦がある(右)

↑客のほとんどがオーダーするボリュームたっぷりのロコモコ1650円

糸島半島ならではの開放感あふれるロケーションが魅力的

海を眺めてくつろぐ
絶景カフェ&レストラン

海岸沿いに海が見えるカフェやレストランが多く点在している糸島。高台から海を眺めたり、目の前に砂浜が広がっていたりと、素晴らしいロケーションで糸島の海を楽しむことができる。

イタリアン食堂
トラットリアジロ
イタリアンしょくどう トラットリアジロ

予約 望ましい
予算 L 1400円～
D 2500円～

MAP 付録P.2A-3

**目の前の海景色もごちそう
糸島食材で高コスパ料理**

糸島半島西部の静かな入り江に面した一軒家レストラン。糸島の魚介や肉、野菜をふんだんに使ったイタリアンを提供する。おすすめは当日水揚げの新鮮魚介を使う料理。海を眺めながら糸島の恵みを楽しみたい。

☎092-328-0525
所糸島市志摩岐志3-3 時11:30～15:00 17:30～22:00(LO21:00) 休月曜(祝日の場合は翌日) 交西九州自動車道・前原ICから車で15分 P5台

↑カキ小屋で賑わう岐志港そばの白い小さな建物。ユニークな門が目印

↑大きな窓から光が注ぐ明るい店内。どの席からも海を望める

↑ムール貝やエビ、イカがふんだんのペスカトーレ1740円

PALM BEACH
パームビーチ

MAP 付録P.2 B-2

まるで海外にいるような贅沢なリゾートの雰囲気

目の前に広がる青い海、パームツリーが彩る緑鮮やかな芝生。その素晴らしいロケーションは海外のリゾートにいるような大人の雰囲気。料理は糸島の食材を使い、パスタやピザ、デザートまで充実しており、カクテルも豊富だ。

☎092-809-1660
🏠福岡市西区西浦286
🕐11:00〜22:00(LO)、夏期11:00〜20:00(LO19:00)※時期により異なる 🈺不定休
🚗西九州自動車道・今宿ICから車で20分 🅿150台

予約	望ましい
予算	Ⓛ Ⓓ 2000円〜

⬆糸島ドライブを楽しむ幅広い年齢層の客で季節を通して賑わう人気の店

⬆上質の時間が漂うテラス席。潮の香りを含んだ風や潮騒が心地よい

⬆店内は落ち着いた雰囲気で快適。大きな窓ガラスを通し海を望める

⬆エビ、ホタテのカレートマトクリームのパスタ2310円(左)、糸島豚のピザビアンカ2420円(右)

Bistro&Café TIME
ビストロ&カフェタイム

MAP 付録P.2 B-2

海と一体感を感じる眺め抜群のカフェレストラン

海のすぐそばにあり、糸島の店のなかでも屈指のロケーション。野菜たっぷりのランチや、カフェタイムには季節のスイーツを楽しめる。モーニングもあり、爽やかな海辺の朝の空気とともに味わう朝食もおすすめ。

☎092-332-8607
🏠糸島市志摩桜井4423-7
🕐モーニング9:00〜11:00 ランチ11:00〜14:00 カフェ14:00〜17:00(LO16:30)
🈺不定休 🚗西九州自動車道・前原ICから車で20分 🅿50台

予約	望ましい
予算	Ⓛ 1650円〜

⬆店の外にはテラス席がある。ほんのちょっと歩けば糸島の海

➡木をふんだんに使った心安まる店内。もちろん窓の外は海(左)。野菜たっぷりのランチ。数種の副菜とパンがついており、メインの肉は季節により異なる。写真はローストビーフ1700円(右)

⬆店はトレーラーハウスを改装している

127

海の幸に山の幸、素材本来の味を引き出す料理で

旬の糸島食材を味わう

自然豊かな糸島は食材の宝庫。新鮮な野菜に魚介類、肉に穀物と、どれも上質なものばかり。
地元自慢の山海の幸を四季折々の変化に合わせて提供してくれる店で、旬の味をとことん楽しみたい。

僧伽小野 一秀庵
さんがおのいっしゅうあん

MAP 付録P.2A-3

贅を尽くした海辺の屋敷で
糸島の四季を味わう懐石料理

玄界灘を望む海沿いに建つ1日2組
限定の日本家屋のオーベルジュ。
予約が必要だが、食事処・一秀庵で
糸島の海の幸、山の幸を贅沢に使
った懐石料理が楽しめる。昼、夜と
もに3種のコースから選べ、コース
内容は月ごとに変わる。

☎092-328-3938
㊟糸島市志摩久家2143-2
🕐11:00〜14:30
　17:00〜21:00
㊡不定休
🚃JR筑前前原駅から車で20
分　Ｐ10台

予約	要
予算	Ⓛ6600円〜 Ⓓ7700円〜

↑すぐ横が海。潮騒しか聞こ
えない静かな時間が流れる

コース料理の一品。上は
カンパチや鯛、アワビ、
ウニなどのお造り。下は
ハモカツと朝採れ野菜、
糸島牛のイカスミソー
スなどの前菜

↑どのテーブルからも海を眺めながら食事が楽しめる

予約	ランチは可(要確認)、ディナーは要
予算	Ⓛ2500円〜　Ⓓ4000円〜

ランチでも手の込んだ前菜が楽しめ
る。新鮮な糸島の食材をふんだんに
使った料理を楽しみたい

GRAND DELI
グランデリ

MAP 付録P.2A-3

糸島の豊かな食材にこだわる
満足度の高い本格イタリアン

糸島半島西部にあるレストラン。魚
や肉、野菜など、糸島の食材にこだ
わり、本格イタリア料理を提供す
る。ホテルで修業を積んだシェフ
の料理は、コストパフォーマンス
が高い。

☎092-328-3505
㊟糸島市志摩久家2694
🕐ランチ12:00〜14:30 ディナーは完全
予約制　㊡不定休
🚃JR筑前前原駅から車で30分　Ｐ10台

糸島のゆったりとした時間を、毎日感じていたい

ものづくりの街のおみやげ

スローライフ・ナチュラルライフの聖地として人気の高い糸島。
この地で過ごす作家の手で生み出された作品が、生活に彩りをくれる。

糸島産にこだわった
暮らしを彩る雑貨たち

糸島くらし×ここのき
いとしまくらし×ここのき

MAP 付録P.2 B-3

糸島の山を元気にしたいと
いう思いで始まったショッ
プ。当地を拠点に活躍する
作家や職人の商品をセレク
トしており、ギャラリー的
役割も果たしている。

☎092-321-1020
所糸島市前原中央3-9-1
時10:00～18:00
休火曜
交JR筑前前原駅から徒歩6分
P5台

フリーカップ・マグカップ
動物がモチーフのフリーカップ
やマグカップ。3300円～

いためへら
糸島杉や檜を使った炒め物な
どに便利なへら。各1870円

森のポット
伐採した森の中で仕上げまで
するグリーンのポット。1100
円（植物付き1650円）

バラエティ豊富な
糸島の旬素材が集合

JA糸島 伊都菜彩
ジェイエーいとしま いとさいさい

MAP 付録P.2 C-3

地元の野菜・果物や精肉・
鮮魚のほか、糸島産にこ
だわった豆腐、ソーセー
ジなどの加工食品、乳製
品などが並ぶ。

☎092-324-3131　所糸島市
波多江567　時9:00～18:00
休無休　交西九州自動車道・
前原ICから車で4分　P400台

↑さまざまな新鮮食材は各地
への配送も頼める

変化に富む玄界灘の絶景に感動

九州最西北端
唐津 からつ

唐津城の城下町として知られる唐津市街を飛び出し、
多彩な景勝スポットに恵まれる東松浦半島の沿岸を進んで、
九州本土最西北端の岬を目指してみたい。

七ツ釜遊覧船「イカ丸」
ななつがまゆうらんせん「イカまる」

MAP 付録 P.17 D-1　　海から見学

☎0955-82-3001（マリンパル呼子）
📍佐賀県唐津市呼子町呼子4185-27（乗船場）
🕐9:30〜16:30（1時間間隔で1日8便運航、所要約40分）🚫荒天時 💴2000円
🚃JR唐津駅から15.0km 🅿市営駐車場利用

縦書き（郊外へ・唐津）

---

1 虹の松原
にじのまつばら

MAP 付録 P.17 F-3

弧を描く緑の帯

唐津湾の海岸に長さ約4.5kmにわたり、約100万本のクロマツが群生し、虹のような弧を描く。美保の松原、気比の松原と並ぶ日本三大松原のひとつ。

☎0955-72-4963（唐津市総合観光案内所）📍佐賀県唐津市鏡東唐津浜玉町浜崎 🕐休料散策自由 🚃JR唐津駅から3.0km 🅿85台

↑松林の中をドライブや散策ができる

---

2 立神岩
たてがみいわ

MAP 付録 P.17 E-1

唐津市の天然記念物

唐津市湊町の海岸線に立つ、高さ約30mの2つの巨石。並び立つ姿から夫婦岩とも呼ばれている。周辺は、ほかにも玄武岩の奇岩が点在する景勝地。

☎0955-72-4963（唐津駅総合観光案内所）📍佐賀県唐津市湊町 🕐休料散策自由 🚃JR唐津駅から12.0km 🅿30台

↑立神岩近くの海岸はサーフスポットとしても人気がある

---

3 七ツ釜
ななつがま

MAP 付録 P.17 E-1

海辺に開いた7つの洞窟

荒波が断崖絶壁を浸食して生んだ7つの洞窟が並ぶ。断崖上部に遊歩道や展望台、土器崎神社がある。間近に見学できる遊覧船が呼子港から出ている。

↑玄界灘の荒波がつくった景勝地。国の天然記念物に指定されている

☎0955-72-4963（唐津駅総合観光案内所）📍佐賀県唐津市屋形石 🕐休料散策自由 🚃JR唐津駅から16.0km 🅿55台

ドライブ前に唐津駅周辺を散策

唐津城 からつじょう

MAP 付録 P.19 E-3

慶長13年（1608）に初代唐津藩主・寺沢広高が築城。唐津湾に面し、天守閣から虹の松原や玄界灘を一望できる。

☎0955-72-5697 📍佐賀県唐津市東城内8-1 🕐9:00〜17:00（最終入館16:40）🚫無休 💴500円 🚃JR唐津駅から2.1km 🅿170台（有料）

↑唐津市のランドマークで、舞鶴城とも呼ばれる

旧高取邸 きゅうたかとりてい

MAP 付録 P.19 E-3

明治〜大正期に炭鉱で財を築いた高取伊好の旧宅。2棟の近代和風建築が残り、能舞台や欄間・杉戸絵が見られる。

☎0955-75-0289 📍佐賀県唐津市北城内5-40 🕐9:30〜17:00（最終入館16:30）🚫月曜（祝日の場合は翌日）💴520円 🚃JR唐津駅から1.2km 🅿82台（有料）

↑貴重な近代和風建築であり、国の重要文化財

曳山展示場 ひきやまてんじじょう

MAP 付録 P.19 D-3

唐津の秋の大祭・唐津くんちで巡行する14台の曳山が揃う。赤や金銀に彩られた絢爛豪華で巨大な曳山に圧倒。

☎0955-73-4361 📍佐賀県唐津市新興町2881-1 🕐9:00〜17:00（最終入館16:40）🚫11月2〜4日 💴310円 🚃JR唐津駅から0.1km 🅿125台（有料）

↑毎年11月2〜4日の唐津くんちで市内を巡行

N
0 — 2km

2 立神岩
神集島

大島　高島
★曳山展示場
★旧高取邸
唐津湾　烏島
★唐津城
1 虹の松原
西唐津駅
松浦潟
JR筑肥線
START&GOAL
唐津駅
和多田駅
鬼塚駅
JR唐津線
東唐津駅
虹ノ松原駅
福岡市街
呼子

緑の広がる岬。キャンプ場や国民宿舎があり、海水浴や散策も楽しめる。

移動時間◆約2時間
おすすめドライブルート

唐津へは電車で向かい、唐津駅前でレンタカーを借りるのが手軽で便利。お好みで駅周辺の旧城下町を見学したら、車で東松浦半島沿岸に続く国道204号を北上。立神岩、七ツ釜などの景勝地を巡り、九州本土最西北端の波戸岬へ。島影が美しい玄界灘の絶景が待っている。

唐津駅
からつえき

↓ 県道347号
3.0km・10分

1 虹の松原
にじのまつばら

↓ 県道347、国道204号経由
16.8km・30分

2 立神岩
たてがみいわ

↓ 国道204号経由
5.9km・10分

3 七ツ釜
ななつがま

↓ 国道204号経由
10.6km・15分

→加部島に架かる呼子大橋。その下には弁天遊歩道が続いている

4 風の見える丘公園
かぜのみえおかこうえん

↓ 国道204号経由
5.3km・10分

5 名護屋城博物館
なごやじょうはくぶつかん

↓ 県道301号経由
4.0km・10分

6 波戸岬
はどさき

↓ 県道301・23号、国道204号経由　21.2km・35分

唐津駅
からつえき

---

6 波戸岬
はどさき

MAP 付録 P.17 D-1

九州本土最西北端にある景勝地

東松浦半島に突き出た岬。玄海海中展望塔で魚の泳ぐ海をのぞけるほか、海上デッキから小島の浮かぶ玄界灘を見晴らせる。サザエのつぼ焼が名物。

☎0955-72-4963（唐津駅総合観光案内所）　所佐賀県唐津市鎮西町波戸　開休料散策自由　交JR唐津駅から21.2km　P135台（一部有料）

→海の中と海上のパノラマ風景をともに楽しめる海中展望塔

---

4 風の見える丘公園
かぜのみえるおかこうえん

MAP 付録 P.17 D-1

呼子自慢のビュースポット

呼子大橋を渡った加部島の小高い丘にある公園。園内からは、呼子大橋の架かる海の絶景を一望できる。レストハウスで休憩するのもおすすめ。

☎0955-53-7165（唐津市呼子市民センター）　所佐賀県唐津市呼子町加部島3279-1　開休入園自由（レストハウス9:00〜17:00、火曜休）　交JR唐津駅から17.6km　P60台

5 名護屋城博物館
なごやじょうはくぶつかん

MAP 付録 P.17 D-1

秀吉ゆかりの名護屋城を紹介

豊臣秀吉の朝鮮出兵の拠点であった名護屋城跡に併設。日本列島と朝鮮半島の交流史をテーマにした文物や名護屋城を紹介する資料などを展示している。

☎0955-82-4905　所佐賀県唐津市鎮西町名護屋1931-3　開9:00〜17:00　休月曜（祝日の場合は翌平日）　料無料　交JR唐津駅から15.9km　P58台

名護屋城跡の詳細は ➡ P.69

→公園から見た呼子大橋

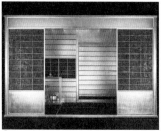
→かつて名護屋城で使われた黄金の茶室も再現

九州最西北端 唐津

131

ミシュラン2ツ星を獲得した
文化人が愛す川魚料理の老舗

飴源
あめげん

| 予約 | 要 |
| 予算 | Ⓛ Ⓓ 8470円〜 |

MAP 本書 P.2 B-3

『万葉集』にも詠われた清流・玉島川に棲む旬の川魚や、川ガニの一種ツガニ(モクズガニ)を使った料理で知られる老舗。秋から冬にかけて旨みが増すツガニはグルメ垂涎の一品で、文化人や政界人も多来店。唐津を代表する窯元の唐津焼の器も素晴らしく、味を盛り立てる。

☎0955-56-6926
㊟佐賀県唐津市浜玉町五反田1058-2
⏰11:00〜21:00(LO19:00)
🈺火曜(祝日の場合は営業)
🚃JR浜崎駅から車で6分 🅿30台

川魚コース 8470円
料理はコースのみ。鮎の背越しと鯉の洗い、鮎の塩焼き、鮎の飴焼きの盛り合わせ、カニの姿煮、カニめし、かに寄せ汁など。冬は鴨、カニ、スッポンの各鍋コースも楽しめる
※魚は季節により異なる

⬆創業は天保9年(1838)、趣豊かなしつらえ

唐津の厳選食材と料理人のこだわり

確かな美食を約束
唐津の名店グルメ

日本全国はもちろん、世界的にも注目を集める名店を擁する唐津。
唐津産食材を料理人がこだわりをもって調理する、至上の美食を味わう。

唐津の食材の持ち味を引き出す
ミシュラン1ツ星の実力店

Y'S KITCHEN
ワイズ キッチン

MAP 付録 P.17 F-3

唐津産中心の魚介類や佐賀牛を使ってシェフが創作料理に腕をふるう。食材の持ち味を最大に引き出すべく、旨みを閉じ込める50℃洗いなど、調理法にこだわっているのが特徴だ。メニューはコース料理のみ。特にカキやアワビ、鹿肉などの季節に応じて登場する食材に注目したい。

☎0955-72-8716
㊟佐賀県唐津市和多田西山3-36
⏰12:00〜15:00(LO13:30) 18:00〜22:00
(LO20:00) 🈺日曜
🚃JR和多田駅から徒歩10分 🅿5台
⬇国道202号バイパスがすぐ目の前

ディナーコース
(写真は1万2100円の一例)
ランチは7700円〜、ディナーは1万2100円〜。手前がヤリイカのグリエ ビーツソース、奥がサザエのタリオリーニ(税別)

予約	要
予算	
Ⓛ 7700円〜	
Ⓓ 1万2100円〜	
※別途サービス料	

➡白を基調にしたインテリアで明るい雰囲気

老舗豆腐店で出会う和食の粋
唐津の魚を堪能させてくれる

日本料理会席かわしま
にほんりょうりかいせきかわしま

MAP 付録P.19 D-4

ざる豆腐で有名な老舗豆腐店に併設
された日本料理店で、夜の会席料理
を提供。その日の仕入れによってコー
スを組む料理は唐津の新鮮な魚介
類や野菜をふんだんに使い、美しい
盛り付けで季節感を演出したもの。
器にもこだわり、唐津の上質な食を
ゆっくりと味わうことができる。

☎0955-72-2423
🏠佐賀県唐津市京町1775
🕐18:30～20:00（最終受付）※完全予約制
🚫水・日曜
🚉JR唐津駅から
徒歩2分
🅿なし

予約	要
予算	Ⓓ1万4300円～

↑アーケード内にある店舗。
朝食の豆腐料理も人気（要予約）

↑料理人と対面して料理が楽
しめるカウンターのみの店内

夜の会席
1万4300円～
写真上は、その日水揚げされた鮮魚の
刺身、下は蓮の葉に生ウニや車エビな
どをジュレ仕立てにした前菜。1万4300
円・2万2000円の2コース

透き通る新鮮なイカは極上の甘みと食感
呼子名物"活イカ"

直前まで泳いでいたイカのさばきたてを食膳に。
透明で美しい呼子のイカの活造りは、
絶妙な食感と特有の甘みを最大限に味わえる。

河太郎 呼子店
かわたろうよぶこてん

MAP 付録P.17 D-1

透明なイカの活造り発祥の店
ピチピチで甘い食感を満喫する

呼子名物・イカの活造り発祥の店の呼
子店。鮮度にこだわり熟練の板前が素
早くさばいたイカの刺身はキラキラ輝
く身の美しさとコリコリした食感で、
舌の上に広がる甘さがたまらない。

☎0955-82-3208
🏠佐賀県唐津市呼子町呼子1744-17 🕐11:00（土・
日曜、祝日10:30）～
20:30（LO19:00）
※季節により変動あり
🚫無休 🚉JR唐津駅
から車で35分
🅿50台

↻来店客の8割がオーダーするイカ活造り定食
3480円。店内中央の生け簀ではイカが泳ぐ

海中魚処 萬坊
かいちゅううおどころまんぼう

MAP 付録P.17 D-1

呼子の海に浮かぶ海中レストラン
新鮮ピチピチのイカを味わう

海上に店舗があり、海中にある客席で
は海に泳ぐ魚を眺めながら食事が楽し
める。当店発祥のイカシュウマイが付
くイカの活き造りコースのほか、鯛や
ブリを使ったコースも人気だ。

☎0955-82-5333
🏠佐賀県唐津市呼子町殿ノ浦1946-1 🕐11:00～
16:00（土・日曜、祝日10:30
～17:00）LO各1時間前
※短縮営業の場合あり
🚫木曜、天候により不定
休 🚉JR唐津駅から車で
30分 🅿50台

↻人気のいかコース3520円は季節でイカの種
類が変わる。客席は海上と海中の2層構造

食べ歩きグルメも多彩
歴史の古い名物朝市

呼子朝市
よぶこあさいち

MAP 付録P.17 D-1

約200mの通りには、新鮮な魚
介や野菜などの露店がずらり。
名物のイカシュウマイやサザ
エなどの食べ歩きが楽しめ、
イカの活造りなどの鮮魚料理
が味わえる。

☎0955-82-3426（呼子観光案内所）
🏠佐賀県唐津市呼子町 呼子朝市通
り 🕐7:30～12:00 🚫無休
🚉JR唐津駅から車で30分
🅿29台（朝市通り無料駐車場）
🔹日本三大朝市のひとつ。家族連れ
など多くの観光客で賑わう

1

泊まる●

泊まる

喧騒から離れ、非日常のなかで過ごす
郊外の隠れ宿にて

歴史ある名湯の感触を確かめ、至極の一皿に舌鼓を打つ。賑わう福岡の中心部から、少し足をのばせば、旅行をよりいっそう特別なものにしてくれる、もてなしの宿がある。

閑かな田園風景に溶け込む
大人がくつろぐ古民家の宿

天然田園温泉
ふかほり邸

てんねんでんえんおんせん ふかほりてい

久留米市 MAP 本書 P.2 C-3

福岡市中心部から柳川へ向かう際に通る久留米市の古民家宿で、約4000坪の敷地内に5棟の離れが建つ。建物は江戸時代からある旧家をリノベーションしたもので、館内のいたるところに、当時の面影を残す。とろりとした肌ざわりの源泉かけ流し温泉は、大浴場と各離れにある内湯と露天風呂で満喫できる。

1. 客室「ゆすらうめ」。木々のぬくもりと大きな窓による開放感がうれしい　2. 筑後平野の田園地帯に位置する。建物は緑に囲まれ、のどかな雰囲気　3. 宿の玄関口にあたる母屋。江戸時代の梁や柱が使われ、重厚な風情を感じる　4. 日により料理が変わる「自然食会席」は、地元で採れた野菜や、旬の食材を贅沢に使用している　5. 和モダンな客室「ゆずりは」に備わる、石造りの露天風呂と檜の内湯　6. 女性専用大浴場「みのう」の露天風呂

HOTEL DATA

☎0942-54-6681
所久留米市三潴町西牟田6552　交JR西牟田駅から車で5分／西鉄大善寺駅から車で10分(JR西牟田駅／西鉄大善寺駅から無料送迎あり)
P18台　in15:00　out11:00
差離れ5棟　予約1泊2食付5万950円〜

5

6

文人墨客も訪れた旅館
美しい庭園と湯でもてなす

大丸別荘
だいまるべっそう

二日市温泉 **MAP** 付録 P.16 B-3

『万葉集』にも登場する古湯・二日市温泉は、1300年の歴史を持つ。夏目漱石や高浜虚子などの文化人のほか、皇族も訪れている。純木造本格的書院造りの「大正亭」には昭和天皇も宿泊された。広々とした日本庭園を囲むように建物が配され、客室、浴場とどこにいても自然との一体感が感じられる。

HOTEL DATA

☎092-924-3939
所筑紫野市湯町1-20-1 交JR二日市駅から徒歩20分 P80台 in15:00 out11:00
室41室 予約1泊2食付2万4200円〜(税別)

1.岩風呂型の大浴場「次田の湯」は池と河原を模した造り 2.「平安亭」の客室。こここと「大正亭」「昭和亭」は内湯を備えている 3.料理は月ごとに献立が替わる会席 4.敷地面積は約6500坪もあり、老舗の風格を漂わせる

筑後の自然に抱かれた名湯
モダンな快適さも併せ持つ

六峰舘
ろっぽうかん

原鶴温泉 **MAP** 本書 P.3 D-3

筑後川のほとりにある原鶴温泉は明治時代に開けた温泉郷。入湯客に客間を提供する「自宅湯」が、のちに旅館として営業を始めた。ここもそうした宿のひとつで、創業130年以上を誇る。4つある温泉のうち、大浴場と露天風呂の2つを組み合わせて毎日男女入れ替え。客室から望む川や田園の風景、旬の食材を使った料理も自慢だ。

HOTEL DATA

☎0946-62-1047
所朝倉市杷木久喜宮1840 交JR筑後吉井駅から車で10分(筑後吉井駅から無料送迎あり)
P60台 in15:00 out10:00 室33室
予約1泊2食付1万6500円〜

1.名の由来は6つの名峰が見えることから 2.地元の素材をふんだんに取り入れた和の創作会席 3.檜内風呂付きの準特別室。すべて畳敷きの客室もある 4.4階にある展望庭園露天風呂

福岡・宿泊のアドバイス

福岡市内には宿泊施設の集中しているエリアがいくつかある。リーズナブルなホテルから
上質な設備とサービスのラグジュアリーなホテルまで幅広いので、ニーズに合わせて選びたい。

宿泊施設の多いエリア

宿の場所は旅のプランに応じて検討を

● 博多駅周辺

山陽新幹線・九州新幹線の発着駅があり、空港も近いため、
最もホテルが集中している。ビジネス向けのリーズナブルな
ホテルはもちろん、高級ホテルも選択肢は豊富。以前はビジ
ネス街の印象が強かったが、JR博多シティの開業などで、飲
食店や商業店舗も充実している。

● 天神周辺

地下鉄は空港線と七隈線の2線が利用でき、周辺に飲食店な
ども多いため、福岡市街を存分に楽しみたいならこちら。西
鉄を利用しての太宰府や柳川へ行くのにも便利だ。博多駅周
辺ほどではないが、選択肢も多い。

● 中洲川端

中洲の夜を楽しむために、中洲内のホテルを選ぶのもよい。
中洲川端駅そばのホテルオークラ福岡やキャナルシティ内の
グランド ハイアット 福岡など、高級ホテルも徒歩圏内。

● ベイエリア

海沿いに眺望自慢のホテルが点在している。変わったところ
では、海の中道のリゾートホテルや、自然豊かな志賀島や能
古島で宿泊するのも一興。

● 郊外

郊外で多くのホテルがあるのは、交通の要衝である北九州市
の小倉。また、柳川や門司といった歴史ある土地には、伝統
ある旅館・ホテルが見つかる。福岡県内には大きな温泉街は
ないが、大丸別荘(P.135)がある二日市温泉や六峰館(P.135)
がある原鶴温泉など、いくつかの温泉地はある。

原鶴温泉の六峰館(P.135)

福岡中心部の主要ホテル

住吉 **MAP** 付録P.8 A-3
グランド ハイアット 福岡
グランド ハイアットふくおか
☎092-282-1234
🏠福岡市博多区住吉1-2-82
URL fukuoka.grand.hyatt.com

博多駅周辺 **MAP** 付録P.14 C-1
ホテル日航福岡
ホテルにっこうふくおか
☎092-482-1111　🏠福岡市博多区
博多駅2-18-25　**URL** www.
hotelnikko-fukuoka.com

天神周辺 **MAP** 付録P.12 B-2
西鉄グランドホテル
にしてつグランドホテル
☎092-781-0711
🏠福岡市中央区大名2-6-60
URL nnr-h.com/brands/grandhotel/

薬院周辺 **MAP** 付録P.11 E-2
ホテルニューオータニ博多
ホテルニューオータニはかた
☎092-714-1111
🏠福岡市中央区渡辺通1-1-2
URL www.newotani-hakata.com

博多駅周辺 **MAP** 付録P.5 E-3
WITH THE STYLE FUKUOKA
ウィズ ザ スタイル フクオカ
☎092-433-3900
🏠福岡市博多区博多駅南1-9-18
URL www.withthestyle.com

川端周辺 **MAP** 付録P.7 E-2
ホテルオークラ福岡
ホテルオークラふくおか
☎092-262-1111
🏠福岡市博多区下川端町3-2
URL www.fuk.hotelokura.co.jp

博多駅周辺 **MAP** 付録P.15 F-1
博多グリーンホテル アネックス
はかたグリーンホテル アネックス
☎092-451-4112　🏠福岡市博多区
博多駅中央街4-32　**URL** www.
hakata-green.co.jp/annex/

中洲 **MAP** 付録P.7 E-3
博多エクセルホテル東急
はかたエクセルホテルととうきゅう
☎092-262-0109　🏠福岡市博多区
中洲4-6-7　**URL** www.tokyuhotels.
co.jp/hakata-e

天神周辺 **MAP** 付録P.13 D-2
ソラリア西鉄ホテル福岡
ソラリアにしてつホテルふくおか
☎092-761-6500
🏠福岡市中央区天神2-2-43
URL nnr-h.com/solaria/fukuoka/

博多駅周辺 **MAP** 付録P.14 C-4
ANAクラウンプラザホテル福岡
エーエヌエークラウンプラザホテルふくおか
☎092-471-7111　🏠福岡市博多区
博多駅前3-3-3　**URL** www.
anacrowneplaza-fukuoka.jp

博多駅周辺 **MAP** 付録P.14 B-2
ザ ロイヤルパークホテル 福岡
ザ ロイヤルパークホテル ふくおか
☎092-414-1111　🏠福岡市博多区
博多駅前2-14-15　**URL** www.
royalparkhotels.co.jp/the/fukuoka/

天神周辺 **MAP** 付録P.12 B-1
ホテルモントレ ラ・スール福岡
ホテルモントレ ラ スールふくおか
☎092-726-7111　🏠福岡市中央区
大名2-8-27　**URL** www.
hotelmonterey.co.jp/lasoeur_fukuoka/

ホテル予約サイトの利用法

数多くの予約サイトがあり、どれを使うべきか悩んでしまう
が、基本的に予約状況は共有されているため、どこのサイト
で調べてもかまわない。高級な宿を探す場合には、独自の基
準で上質な宿をセレクトしている「一休.com」が便利だ。宿
泊するホテルを決めたら、公式ホームページやほかの予約サ
イトも確認しておこう。限定の特典があったり、同じような
条件でももっと安いプランがあることも。

泊まる

アクセスと交通

❖❖

古くから本州と九州を結ぶ
玄関口となっていた福岡。
駅や空港では多くの人が行き来する。
市内の交通機関も把握して、
上手に観光したい。

街をスムーズに
巡るために
知っておきたい

出発地ごとに移動経路を比較して、プランニングに応じた方法を選ぶ

福岡へのアクセス

福岡に向かう主な方法は新幹線と飛行機、そして一部地域からなら高速バスも選択肢に入る。
所要時間や通常料金の目安を比べながら、自分に合ったアクセス方法で福岡に向かいたい。

飛行機・鉄道

新幹線なら博多駅、飛行機なら福岡空港へ

距離の離れた北海道や東北からは飛行機で向かうのが一般的。関東以西なら主要駅から新幹線1本でアクセスできるので、新幹線が有力なチョイスになる。新幹線の駅が近くにない場合、沿線部まで移動するか飛行機を使うかはお好みで。

北海道・東北方面から

新千歳空港 → ANA／JAL／ADO／SKY／APJ 約2時間45分／5万9900円～ ※ADO利用は5万3500円～、SKY利用は2万9300円～、APJ利用は6390円～ → 福岡空港

仙台空港 → ANA／JAL／IBX 約2時間15分／5万1000円～ ※IBX利用は5万5100円 → 福岡空港

北陸・信越方面から

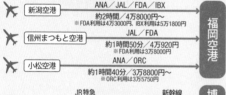

新潟空港 → ANA／JAL／FDA／IBX 約2時間／4万8000円～ ※FDA利用は4万3000円、IBX利用は5万1800円 → 福岡空港

信州まつもと空港 → JAL／FDA 約1時間50分／4万7920円 ※FDA利用は3万8000円 → 福岡空港

小松空港 → ANA／ORC 約1時間40分／3万8800円～ ※ORC利用は3万5750円～ → 福岡空港

金沢駅 → JR特急サンダーバード／新大阪駅／新幹線のぞみ／みずほ 約5時間30分／1万9580円 ※2024年3月、北陸新幹線敦賀経由に → 博多駅

関東方面から

羽田空港 → ANA／JAL／SFJ／SKY 約2時間／4万3100円～ ※SFJ利用は4万2100円～、SKY利用は2万5300円～ → 福岡空港

成田空港 → APJ／JJP 約2時間20分 ※APJ利用は5590円～、JJP利用は5580円～ → 福岡空港

東京駅 → 新幹線のぞみ 約5時間／2万3810円 → 博多駅

中部・関西方面から

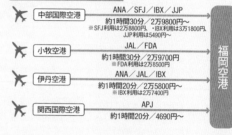

中部国際空港 → ANA／SFJ／IBX／JJP 約1時間30分／2万9800円～ ※SFJ利用は2万8800円～、IBX利用は3万1800円、JJP利用は5490円～ → 福岡空港

小牧空港 → JAL／FDA 約1時間30分／2万9700円 ※FDA利用は2万8500円 → 福岡空港

伊丹空港 → ANA／JAL／IBX 約1時間20分／2万5800円～ ※IBX利用は2万7400円 → 福岡空港

関西国際空港 → APJ 約1時間20分／4690円～ → 福岡空港

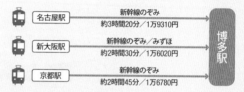

名古屋駅 → 新幹線のぞみ 約3時間20分／1万9310円 → 博多駅

新大阪駅 → 新幹線のぞみ／みずほ 約2時間30分／1万6020円 → 博多駅

京都駅 → 新幹線のぞみ 約2時間45分／1万6780円 → 博多駅

中国方面から

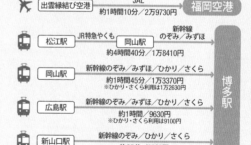

出雲縁結び空港 → JAL 約1時間10分／2万9730円 → 福岡空港

松江駅 → JR特急やくも／岡山駅／新幹線のぞみ／みずほ 約4時間40分／1万8410円 → 博多駅

岡山駅 → 新幹線のぞみ／みずほ／ひかり／さくら 約1時間45分／1万3370円 ※ひかり・さくら利用は1万2630円 → 博多駅

広島駅 → 新幹線のぞみ／みずほ／ひかり／さくら 約1時間／9630円 ※ひかり・さくら利用は9100円 → 博多駅

新山口駅 → 新幹線のぞみ／ひかり／さくら 約35分／6020円 ※ひかり・さくら利用は5700円 → 博多駅

問い合わせ先

ANA（全日空）☎0570-029-222　日本航空／日本トランスオーシャン航空☎0570-025-071
スカイマーク☎0570-039-283　**アイベックスエアラインズ**☎0570-057-489　**オリエンタルエアブリッジ**☎0570-064-380
フジドリームエアラインズ☎0570-55-0489　**スターフライヤー**☎0570-07-3200　**ソラシドエア**☎0570-037-283
ジェットスター☎0570-550-538　**ピーチ**☎0570-001-292
JR九州案内センター☎0570-04-1717　**JR西日本お客様センター**☎0570-00-2486　**JR東日本お問い合わせセンター**☎050-2016-1600
JR東海テレフォンセンター☎050-3772-3910　**JR四国電話案内センター**☎0570-00-4592

アクセスと交通

四国方面から

		JAL	
✈	徳島阿波おどり空港	約1時間10分／2万8710円〜	福岡空港
✈	松山空港	JAL 約50分／2万4090円〜	
✈	高知龍馬空港	JAL 約1時間／2万7500円〜	

		JR快速 マリンライナー		新幹線 のぞみ／みずほ	
🚆	高松駅	→	岡山駅	→ 約3時間／1万4570円〜	博多駅

九州・沖縄方面から

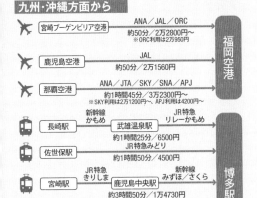

✈	宮崎ブーゲンビリア空港	ANA／JAL／ORC 約50分／2万2800円〜 ※ORC利用は2万950円〜	福岡空港
✈	鹿児島空港	JAL 約50分／2万1560円	
✈	那覇空港	ANA／JTA／SKY／SNA／APJ 約1時間45分／3万2300円〜 ※SKY利用は2万1200円〜、APJ利用は4200円〜	

		新幹線 かもめ		JR特急 リレーかもめ	
🚆	長崎駅	→	武雄温泉駅	→ 約1時間25分／6500円	博多駅
🚆	佐世保駅	JR特急みどり 約1時間50分／4500円			
🚆	宮崎駅	JR特急 きりしま	鹿児島中央駅	新幹線 みずほ／さくら 約3時間50分／1万4730円	
🚆	宮崎駅	JR特急にちりん	大分駅	JR特急ソニック 約5時間30分／1万500円	
🚆	鹿児島中央駅	新幹線みずほ／さくら 約1時間20〜40分／1万640円			

※所要時間は利用する便、列車により多少異なります
※航空運賃は通常期の片道普通運賃を表示しています
※JRの運賃は、運賃と特急料金（通常期の普通車指定席）
を合算しています
※航空会社はANA＝全日空、JAL＝日本航空、SKY＝スカイマーク、
IBX＝アイベックスエアラインズ、FDA＝フジドリームエアラインズ、
SFJ＝スターフライヤー、SNA＝ソラシドエア、APJ＝ピーチ、
JJP＝ジェットスター、ORC＝オリエンタルエアブリッジ、
JTA＝日本トランスオーシャン航空
※情報は2023年9月現在のものです。
おでかけ前にWebサイトなどでご確認ください

福岡空港からのアクセス

福岡空港	福岡市営地下鉄空港線 約5分／260円	→	博多駅
	西鉄バス 約15分／270円	→	博多バスターミナル

高速バス

九州近郊からのアクセスに便利

所要時間は若干かかるが、リーズナブルな料金設定が魅力。
九州新幹線開通後も、新幹線沿線部以外の地域からのアクセ
スに役立っている。

広島バスセンター	広交観光・中国JR・JR九州バス 「広福ライナー」 約4時間32分／4250円	→	博多バスターミナル
山口駅前	中国JRバス「福岡・山口ライナー」 約4時間2分／3000円	→	
長崎駅前	九州急行バス「九州号」 約2時間20分※スーパーノンストップ便／2900円	→	
熊本駅前	産交・西鉄バス「ひのくに号」 約2時間14分※スーパーノンストップ便／2500円	→	
大分新川	大分・大分交通・亀の井・西鉄バス 「とよのくに号」 約2時間50分※スーパーノンストップ便／3250円	→	
宮崎駅前	宮崎交通・JR九州・産交・西鉄バス 「スーパーフェニックス号」 約4時間32分／6000円	→	
鹿児島中央駅前	鹿児島交通・鹿児島交通観光・JR九州・ 南国交通・西鉄バス「桜島号」 約4時間10〜25分／6000円	→	

※運賃は通常期昼行便の片道の金額を表示しています

問い合わせ先

広交観光バス☎082-238-3344
中国JRバス☎0570-666-012
JR九州バス☎092-643-8541
九州急行バス（長崎高速バス予約センター）☎095-823-6155
産交バス（熊本高速バス予約センター）☎096-354-4845
大分バス☎097-536-3371
大分交通バス☎097-536-3655
亀の井バス☎0977-25-3220　宮崎交通☎0985-32-1000
鹿児島交通バス☎099-222-1220
南国交通バス☎099-259-6781
九州高速バス予約センター☎092-734-2727／☎0120-489-939

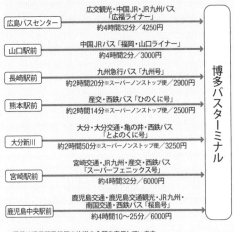

福岡へのアクセス

大都市にふさわしく充実した公共交通機関で気軽に移動できる

福岡の市内交通

市内の主要観光エリアとスポットを結ぶ市営地下鉄に加え、JRや西鉄の電車や
西鉄の路線バスを上手に利用することで、行きたい場所へ不自由なく移動できるはず。

電車

地下鉄をメインに、目的地に応じて使い分け

● 地下鉄

福岡空港駅から博多駅、中洲川端駅、天神駅を通って姪浜駅まで東西に走る地下鉄空港線が、各エリア間を移動する主要な方法になる。ほかに中洲川端駅から箱崎方面に向かい箱崎宮前駅（筥崎宮まで徒歩3分）にアクセスできる地下鉄箱崎線、博多駅から天神南駅を通り、薬院や桜坂方面に向かう地下鉄七隈線の計3路線がある。

1日乗車券

640円で地下鉄全線（空港線・箱崎線・七隈線）が1日乗り放題になるのに加えて、利用日当日に限り福岡市内の各対象施設で乗車券を提示することで、割引などのお得な特典が受けられる。

主な特典対象施設

福岡市博物館／福岡アジア美術館／筥崎宮（神苑「花庭園」）／福岡タワー／福岡市科学館／櫛田神社（博多歴史館）／「博多町家」ふるさと館／松風園　ほか

● JR

博多駅から鹿児島本線の上り普通列車で箱崎駅（筥崎宮まで徒歩8分）にアクセスできる。また、香椎駅で香椎線に乗り換えることで、下りで香椎神宮駅（香椎宮まで徒歩3分）にアクセスでき、上りで海ノ中道駅まで陸路で向かうことができる。

● 西鉄

地下鉄天神駅・天神南駅と連絡している西鉄福岡（天神）駅から西鉄天神大牟田線が南へ延びており、天神〜薬院間を最もスムーズに移動できる。地下鉄箱崎線・貝塚駅からは鹿児島本線とほぼ並行して西鉄貝塚線が北へ延びており、和白駅でJR香椎線（海の中道線）と接続している。

エリア間と主要スポットへの移動 ➡ P.14

電車・路線バス 問い合わせ先

福岡市営地下鉄 天神お客様サービスセンター ☎092-734-7800
JR九州案内センター ☎0570-04-1717
西鉄お客さまセンター ☎050-3616-2150

バス

駅から離れた目的地や、市街中心部の移動に

● 路線バス

福岡市内をくまなく西鉄バスが運行しており、駅から少し離れたスポットへのアクセスにはぜひ活用したい。特に便利なのはベイエリアの各スポットへアクセスする路線で、博多駅または天神から乗車するのがおすすめ。

目的地 （バス停名）	博多駅出発の主な バス番号 （のりば）	天神出発の主な バス番号 （のりば）
ベイサイドプレイス博多（博多ふ頭）	46/99（博多駅西日本シティ銀行前F）	90（天神ソラリアステージ前2A）
福岡 PayPay ドーム（九州医療センター）	305（博多駅前A）、306（博多バスターミナル6番）	W1（天神高速バスターミナル前1Aまたは天神北3）
シーサイドももち（福岡タワー（TNC放送会館）または福岡タワー南口）	306/312（博多バスターミナル5番・6番）	W1/302（天神高速バスターミナル前1Aまたは天神北3）
マリノアシティ福岡	9（博多駅前B）、333（博多駅前A）	333（天神高速バスターミナル前1Aまたは天神北3）
能古渡船場	300/301/302/304（博多駅前A）、312（博多バスターミナル）	301/302（天神高速バスターミナル 前1Aまたは天神北3）

福岡市内1日フリー乗車券

福岡市内の西鉄路線バスが1日乗り放題。降車時に運賃箱に整理券を入れ、乗車券の日付を乗務員に見せる。1000円。

福岡都心150円エリア

福岡都心（博多〜天神間）一帯を走る西鉄バスは運賃150円でどこでも乗り降りができ、市街中心部を移動するのに便利。

アクセスと交通

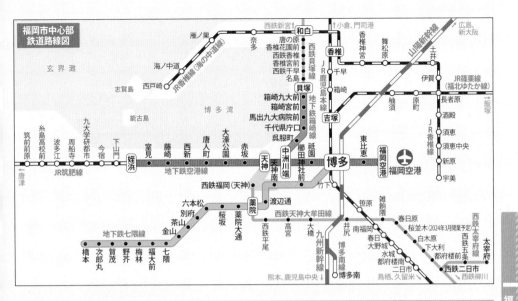

郊外へも電車で移動できるが、エリアによってはレンタカーに切り替えたい

福岡郊外の交通

太宰府、門司、柳川、糸島、唐津の各郊外のエリアへアクセスする際は、
現地での観光プランに応じてレンタカーの利用も視野に入れたいところ。

電車

西鉄、JRで郊外の各エリアへ

西鉄福岡（天神）駅から天神大牟田線で柳川に、また西鉄二日
市駅で太宰府線に乗り換えることで太宰府にアクセス。門司
へは博多駅からJR鹿児島本線で、糸島と唐津方面へは姪浜駅
で地下鉄空港線と接続しているJR筑肥線で向かう。

レンタカー

ドライブメインの糸島と唐津観光に最適

糸島、唐津は駅から離れた沿岸部の見どころが多いが、公共
交通機関は本数の少ないバスに限られるので、レンタカーの
利用がおすすめ。糸島は福岡市街から30分ほどの距離なの
で、博多駅や天神周辺でレンタカーを手配して出発しよう。
唐津へはその倍以上の距離があるので、まず電車で唐津駅に
着いてから、レンタカーを利用してもいい。

駅レンタカー 博多駅営業所 ☎ 092-431-5152
トヨタレンタカー 唐津駅通り店 ☎ 0955-75-7121

観光に便利・お得なきっぷ

① FUKUOKA 1 DAY PASS
西鉄天神大牟田線の西鉄福岡（天神）駅〜西鉄柳川駅間と太
宰府線、甘木線、福岡・久留米・佐賀・筑豊地区の西鉄路線
バスが1日乗り放題。
価格：2670円　通用期間：1日
発売場所：天神定期券発売所、天神駅観光案内所など

**② 太宰府散策きっぷ*
西鉄福岡（天神）駅〜太宰府駅間の往復乗車券に、天満宮参
道の提携店で使える梅ヶ枝餅2個の引換券が付く。太宰府
天満宮内対象施設の割引特典あり。
価格：1000円　通用期間：利用開始日含め2日間
発売場所：西鉄福岡（天神）駅

**③ 太宰府・柳川観光きっぷ*
西鉄福岡（天神）駅または薬院駅〜太宰府駅〜西鉄柳川駅の
往復乗車券に、柳川観光開発で使える川下り（お堀めぐり）
乗船券をセット。また、太宰府天満宮内の対象施設、北原
白秋生家などの割引特典も。
価格：3340円（紙乗車券）　通用期間：利用開始日含め2日間
発売場所：西鉄福岡（天神）駅、薬院駅

＊②は都府楼前駅〜太宰府駅間、③は太宰府駅と西鉄柳川駅でのみ下
車が可能。また途中で乗車券には戻ることができない

INDEX

買う

泊まる

STAFF

編集制作 Editors
(株)K&Bパブリッシャーズ

取材・執筆・撮影 Writers & Photographers
大野金繁
姉川友香　熊本真理子(メニィデイズ)
小坂章子　堤小奈美　西田佳世
間々田正行(メニィデイズ)　矢野アキコ　山内淳
古賀由美子

執筆協力 Writers
内野究　遠藤優子

編集協力 Editors
(株)ジェオ

本文・表紙デザイン Cover & Editorial Design
(株)K&Bパブリッシャーズ

表紙写真 Cover Photo
PIXTA

地図制作 Maps
トラベラ・ドットネット(株)
DIG.Factory

写真協力 Photographs
関係各市町村観光課・観光協会
関係諸施設
PIXTA

総合プロデューサー Total Producer
河村季里

TAC出版担当 Producer
君塚太

TAC出版海外版権担当 Copyright Export
野崎博和

エグゼクティヴ・プロデューサー
Executive Producer
猪野樹

おとな旅 プレミアム

福岡 太宰府・門司・柳川・唐津 第4版

2024年1月6日　初版　第1刷発行

著　者　TAC出版編集部
発 行 者　多 田 敏 男
発 行 所　TAC株式会社　出版事業部
　　　　　　　　　　（TAC出版）

〒101-8383 東京都千代田区神田三崎町3-2-18
電話　03(5276)9492(営業)
FAX　03(5276)9674
https://shuppan.tac-school.co.jp

印　　刷　株式会社　光邦
製　　本　東京美術紙工協業組合

©TAC 2024　Printed in Japan　　ISBN978-4-300-10988-5
N.D.C.291　　　　　　　　　落丁・乱丁本はお取り替えいたします。

本書に掲載した地図の作成に当たっては、国土地理院発行の数値地図（国土基本情報）電子国土基本図（地図情報），数値地図（国土基本情報）電子国土基本図（地名情報）及び数値地図（国土基本情報20万）を調整しました。